ロジカルゴルフ　実戦ノート

尾林弘太郎

日経プレミアシリーズ

はじめに
よいスコアであがるには「1打のためにすべきこと」を知る

私は22歳のときからゴルフレッスンをするようになりました。かれこれ30年近くになるわけですが、そのきっかけとなったのは、私がプロゴルファーを目指して後藤修先生のもとに弟子入りしたことにあります。

後藤先生は尾崎将司さんを復活させ、中嶋常幸さんを蘇らせた人です。ゴルフ雑誌に「球筋の美学　後藤修」という記事があり、その当時の根性練習やスイング論に疑問を感じていた私は、後藤先生の理論に物理的に納得、実践するやすぐに効果が表れました。こうして1年後に手紙を書き、入門を許してもらいました。

アプローチとパット、素振りを仕事前の午前中に自宅で3時間行い、22時まで練習場で働く生活がスタートしました。16歳からゴルフを始めた私がその後、順調に上達できたのは先生のスイング論と練習方法の素晴らしさがあったからに間違いなく、先生は私の生涯の恩人です。

その頃、才能のない私にやさしく声をかけてくれたのが尾崎将司さんです。

「人生で悔いを残すな！　走れるときに走って、動けるときに動け！」

その言葉をもらったときのジャンボさんの目を生涯忘れません。

後藤先生のもとで6年間練習し、疑問に思ったことがあります。それは同じように教えてもらいながら、上達する人間と上達しない人間がいるということでした。

その後、私は自分が成長することよりも生徒たちが上達することに喜びを覚えるようになり、レッスン活動に重きを置くようになりました。そのときに感じたことは、さらに上達する生徒としない生徒がいるという現実です。なぜそうしたことが起きるのか。あらゆる「なぜ？」を追求、研究していくうちに、すべての人に共通する「ゴルフの方程式」というものを作り上げることができてきました。

それが「ロジカルゴルフ」です。

上手くなっていく「上達ゴルファー」は上級者の考え方を持ちます。一方、上達できない「停滞ゴルファー」はそうした考え方をいつまでも持てないことがわかりました。この違いを整理分析し、レッスンに役立て、本にすることができました。

その思考技術の基本をまとめたものが1作目の『ロジカルゴルフ　スコアアップの方程式』（日

経プレミアシリーズ）です。そして、コースでプレーするときに重要な「1打のためにするべきこと」を具体的にまとめたのが、この『ロジカルゴルフ　実戦ノート』です。

目の前の1打をどう打つのか。「停滞ゴルファー」は何も考えずにただナイスショットだけを望んでボールを打ちます。「上級ゴルファー」はボールのライを見て、ホールのレイアウトをチェックし、風などの自然の状況を考えて、適切なクラブを選び、適切なショットを放ちます。上達を望むのであれば、「上級ゴルファー」の思考を知ることです。

この『ロジカルゴルフ　実戦ノート』に書いてあることを理解し、練習することによって、確実にレベルアップできることを約束します。ここに書かれた言葉は「魔法の言葉」ではありません。「考える練習」が上達の絶対条件になることを伝えます。

２０１３年6月

心の底からレベルアップを望んでいるゴルファーへ

尾林弘太郎

目次

第2章　1ストローク打つための「状況判断」

第3章　1ストローク打つための「結果設定」……83

第4章　1ストローク打つための「戦略（すべきこと）」……91

第7章　「上級ゴルファー」になるためのゴルフ術

編集：本條強
本文デザイン：山田康裕
校正：佐藤英美
撮影協力：栃木ヶ丘ゴルフ倶楽部

第1章

上達の「思考技術」

この章では「ロジカルゴルフ」の
基本的な思考方法を説明します。
実際にゴルフコースに出て、目の前の1ストロークを打つ前に、
知っておかなければならない事柄です。

上達するための思考を持つことは「ロジカルゴルフ」の基本であり、スタートです。スコアをよくしたいと望むのであれば、スイングをよくすること意外に、上級者の思考を身につける必要があります。そのことを順を追って述べていきます。

「上達する人」と「上達しない人」

「上達する人」と「上達しない人」。すべてのゴルファーはこの2種類に分かれます。考え方のまったく異なる正反対のゴルファーです。この2種類のゴルファーは何が違うのでしょうか?

答えは「思考技術」の「考え方」と「使い方」です。

特に考え方の違いは重要です。具体的な技術のレベルアップをする前に、ゴルファーは「思考的上達ゴルファー」になる必要性があるとレッスン活動を行って強く感じました。最初に考え方を修正することで、生徒たちの情報吸収能力が高まることを経験し、確信しました。

その事実から「ロジカルゴルフ」のプログラムでは考え方を重点に置いています。ゴルファーは「どうすれば上手く打てるか?」の具体的な方法を知りたがりますが、「ロジカルゴルフ」のプログラムでは「思考的上達ゴルファー」になってもらうことを優先します。そして、その次に具体的な技術を知ることによってスコアアップが可能になることを伝えます。

プロやトップアマを指導するときでもこの順番は変わりません。身体能力に優れていても、考え方を知らず、また間違っていることによって、才能を開花できていないゴルファーを多く見てきました。

逆にゴルフ以外のスポーツは不得意なのにもかかわらず、ゴルフだけは得意という上級者に共通することは、「思考技術」が高いということです。そのことをまず、強く伝えたいと思います。

「ゴルフが上手い人」と「ゴルフが上手くない人」の違い

皆さんが考える「ゴルフが上手い人」とはどういうゴルファーをいうのでしょうか?

ボールが飛ぶ人、パットが上手い人、70台でプレーする人などが挙げられると思いますが、どれも正解であり、私はそれらをすべて含めて、自分ができることを判断し、実行できる人だと思います。

逆に「ゴルフが上手くない人」は自分ができることを判断できない人です。不可能なことを可能だと思って実行するので、失敗も多いはずです。

ゴルフの楽しさは上手くボールを打つだけではありません。コースでの経験を思い出してください。

ライがよくないパー4のセカンドショットで、トップして転がり、2mにナイスオン！　これに近い経験を持っている人は多いのではないでしょうか。

このことを、「ゴルフの上手い人」は、ダフリを嫌い、トップはしょうがないと考えた結果だととらえます。「ゴルフが上手くない人」は偶然だと思います。

つまり考える領域の違いで、同じ結果の意味が違ってくることを理解する必要があります。この事実を踏まえて練習を積むことが上達するためには不可欠な条件になります。

「ゴルフが上手い人」はミスショットをコントロールします。その一方で、「ゴルフが上手くない人」はナイスショット（100点）の方法のみを知りたがります。この考え方の違いを伝えたいと思います。

右記の「トップボールでナイスオン」ですが、意図的な想定内なら「50％ラッキー、50％実力」であり、偶然の結果なら「100％ラッキー」です。

スコアカードには内容は記入しません。トップしてバーディとか、トップしてパーとかは書きません。このために「ゴルフが上手い人」の考え方は「ゴルフが上手くない人」にはなかなかわからないものです。

もう1つの考え方をお伝えします。

「ゴルフが上手い人」は綺麗ではないボールのよい結果を受け入れて喜びます。一方、「ゴルフが上手くない人」は道中が綺麗なボールにこだわります。つまり、「ゴルフが上手い人」はボールが止まる地点にこだわり、「ゴルフが上手くない人」は道中にこだわるというわけです。

以上の実例から「外からは見えない内面的な違い」が、実は「ゴルフが上手い人」と「ゴルフが上手くない人」の決定的な違いになるのです。もちろん、それがスコアの違いになって表れるというわけです。

ゴルファーは「上級」「上達」「停滞」の3タイプ

最初に「上達する人」と「上達しない人」の話をしました。次に「ゴルフが上手い人」と「ゴルフが上手くない人」の違いを話しました。これらを整理、分類すると、ゴルファーは3つのタイプに分かれます。

それは「上級ゴルファー」「上達ゴルファー」、そして「停滞ゴルファー」の3つのタイプです。

最初に「上級ゴルファー」ですが、この人はすでに「上手くなる考え方」を持っている人です。先天的に上手くなる考え方を持っている才能のある人もいますし、猛練習や豊富なラウンド数の末に上手くなる考え方を身につけた人もいます。また、上手くなる考え方を本や雑誌やインストラクターから学んで「上級ゴルファー」になった人もいます。

次に「停滞ゴルファー」ですが、この人は「上手くなる考え方」を持っていない人であり、その考え方を修正しようとしない人です。残念ながら、このタイプは上達することはとても困難になります。特徴は「魔法的情報」を探すことです。練習の目的に一貫性がなく、新しい情報に飛びつき、異なる練習をイタチごっこのように繰り返します。このサイクルに入ると抜け出すのは大変です。よほどの意識革命がないと上達は厳しいといえます。

そして「上達ゴルファー」ですが、この人は「上手くなる考え方」を持っていない人でありながら、その考え方を修正できる人です。上手くなりたいと願う向上心があり、自分の限界に向かって日々、魔法ではない方法でコツコツと練習するゴルファーであることが特徴です。やがて、練習の明確な目的を判断できるようになり、「上級ゴルファー」になるための計画や具体的な練習を積み、より高いレベルに到達できるゴルファーです。

私が唱える「ロジカルゴルフ」は「停滞ゴルファー」を「上達ゴルファー」にすることであり、「上

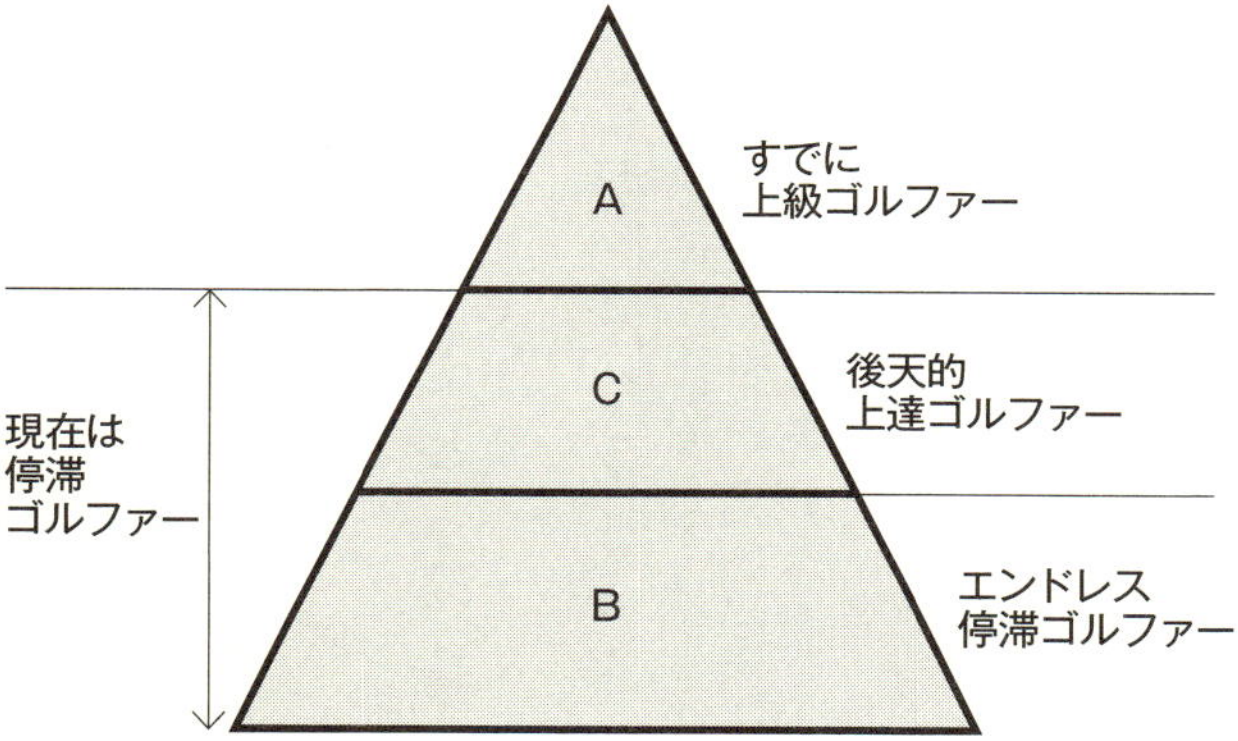

達ゴルファー」を「上級ゴルファー」に達成させることです。

それにはまず、「上級ゴルファー」の思考を学ぶことです。考え方を修正できれば具体的技術は次々に入ってきます。しかし、修正できなければ、魔法的情報に頼ります。ゴルフは練習によってのみ上達への道が開かれます。「どんな練習を何の目的で行うのか？」。ここを明確にするために考え方から「上達ゴルファー」になる必要があるのです。「上達ゴルファー」になることが「上級ゴルファー」になるためのステップであることを再度伝えます。

ロジカルゴルフ　実戦ノート1

「停滞ゴルファー」がすべきこと＝「上達ゴルファー」になり、「上級ゴルファー」を目指す

「上達ゴルファー」と「停滞ゴルファー」の違い

「停滞ゴルファー」が考える「上手いゴルファー」とはどんな人でしょうか？

①打ちたい地点にショットコントロールできる人
　上手い人は打ちたい地点に打てる秘訣があると考えます。
②狭い地点にショットコントロールできる人
　①と同じくピンポイントに打てる秘訣があると考えます。
③打ちたいボールを自在に打ち分けられる人
　ゴルフの技術はスイングのみという考えから抜けられません。上手い人は思ったボールを打てるスイングに秘訣があると考えます。

④ボールが飛ぶ人

上手い下手を見た目で判断する傾向からくる考え方です。飛距離が出て、派手なボールを打つ人が上手いという先入観を持ってしまう傾向があります（飛距離が出ないでスコアがいい人が実は上級ゴルファーです）。

⑤1パットが多い人

ロングパットが入ったりすると上手く感じる傾向を持ちます。

⑥よいスコアを出す人

その日プレーしたコースのコースレートを無視して、数字のみの判断をする傾向があります。

⑦アプローチをピンそばにつけられる人

アプローチにも秘訣があると考えます。

その他にも、たくさんの項目があります。

右記7項目から「停滞ゴルファー」の傾向は、「上級ゴルファー」の練習やプレーを見て「どうやったらあの人のように上手く打てるのかを知りたい」と感じやすいということです。世界のメジャー大会で、プロのスーパーショットやスーパーパットなどが放映された後などに多く出される質問はスーパープレーの方法です。「どうしたらあのプレーができるのか？」となります。

つまり、「停滞ゴルファー」が考える「上手いゴルファー」とは、コース戦略を考えないでスイング技術のみで打ちたい地点に打てるゴルファーとなります。「停滞ゴルファー」の思考は魔法の方法を知ることなのです。

しかし、それでは一向に上達はできません。「上達ゴルファー」であれば、先ほどの7項目に対して、「ゴルフが上手い人」とは以下のようになります。

①打たない場所を理解している人

現実的スイング技術は「～に打たない」のみであることを理解しています。「～に打たないこと」を組み合わせることで「～に打っているように見せる」ことが現実的技術であると考えます。

②状況判断と今日の技術から自分が打てるエリアを理解している人

1ショットごとに打てるエリアを広くしたり狭くしたりしながら、現実的な結果設定をしながらプレーします。

③打ちたいボールではなく、打てるボールを判断できる人

理想のボールではなく、現実的に可能なボールでコース戦略技術とともにプレーします。

④自分の飛距離を理解してプレーする人

何回打っても同じ距離を打てる人が上手いゴルファーであるという考え方をしっかりと持って

います。

⑤パットに関しても平均値を考えられる人

1回のナイスパットではなく、平均してよいパットができます。ロングパットで3パットせず、ショートパットを外さず、1ラウンドのパット数が少ないことが大切だと考えています。

⑥その日の状況やティの違いによる「レーティング」を判断できる人

コースが同じ場合、バックティからの78とレギュラーティの78の価値は違います。風やグリーンの状況、ピンポジションによっても変わってきます。

⑦アプローチに関しても常に寄せようとはしない人

次のパットが入りやすいところを考えて、そこに乗せることができます。難しい状況ではグリーンオンで十分と考え、バンカーなら出すだけでしょうがないなどの判断力を持っていて、魔法ではない現実的な結果を設定します。

つまり、以上が「上達ゴルファー」の考え方やプレーの技術になります。「停滞ゴルファー」とはまったく別のゴルファーだと理解できたと思います。

「上達ゴルファー」は魔法を探さずに、現実的なプレーを判断できるゴルファーです。「停滞ゴルファー」は何が可能で、何が不可能かを判断できないことが大きな特徴です。判断しても100

点の結果にならないと、すぐに諦めて魔法に走ることも大きな特徴になります。

「上達の順番」

一般ゴルファーの80％は停滞期にいるように感じます。レッスンを受けずに魔法的情報を日々探します。1回か2回の練習で結果が出ないと、その意味を考えずに違う情報を探します。つまり、「停滞ゴルファー」になってしまっているわけです。

つまり、「停滞ゴルファー」が上達するには、考え方から「上達ゴルファー」になることなのです。技術的には「上級ゴルファー」ではなくても、考え方が「上達ゴルファー」になることで、練習量とともに技術が身についてくる現実を何回も確認してきました。毎年、私のもとでシングルゴルファーが育ちますが、レベルアップの順番は例外なく「考え方からスタート、技術が次で、スコアが最後」という法則になります。

逆に停滞期のまま私のもとから離れていくゴルファーの特徴は、考え方を修正しない、できないという人です。彼らは自分の考え方に合った技術を探し続けます。すなわち「魔法」です。「停滞ゴルファー」の他の特徴を紹介します。

「その場の結果のみを追求する」「結果の理由を解明しようとしない」「ボールのみを判断する」。残念ながら多くのゴルファーがこの状態にいる現実を感じます。

考え方を変えることで、将来の自分を大きく成長させることができます。

ロジカルゴルフ　実戦ノート2

上達の順番＝考え方の修正→技術のレベルアップ→スコアアップ

スコアアップするためには右の道筋を順番に進む必要があります。「上達ゴルファー」になるためには「上級ゴルファー」の方程式に自分を合わせることに尽きます。

「停滞ゴルファー」は自分を変えずに周りの情報が自分と一致しているかを考えます。対して、「上達ゴルファー」は「上級ゴルファー」の特徴を理解して、自分を変える勇気と決断力を持ち、時間をかけて練習するゴルファーを指します。

レッスン情報で「～をすれば絶対に入る！」といったようなことをどのように判断しますか？

私はそのような「魔法」は信じません。なぜなら、結果は打ってみなければわからないからです。

これが事実です。１ｍのパットでさえ同じです。「魔法」ではなく、真実を理解することが、「上達ゴルファー」へのスタートになります。つまり、ゴルフの特徴を理解することが「上達ゴルファー」へのスタートになるわけです。

ロジカルゴルフ　実戦ノート3
上達の方法＝魔法ではなく、練習によって体得する

「停滞トラック」

「停滞ゴルファー」は「停滞トラック」を永遠に走り続ける特徴があります。

「停滞トラック」とはどのようなものでしょうか？　陸上の４００ｍトラックをイメージしてください。ゴルファーはスタートして一生懸命に走ります。前進している感覚を持っているのですが、実際は４００ｍ走ると元のスタートラインに戻ってしまうわけです。つまり、たくさんの情報を練習して開眼したと感じ、数日すると元のスタートラインに戻ってきている事実が存在する

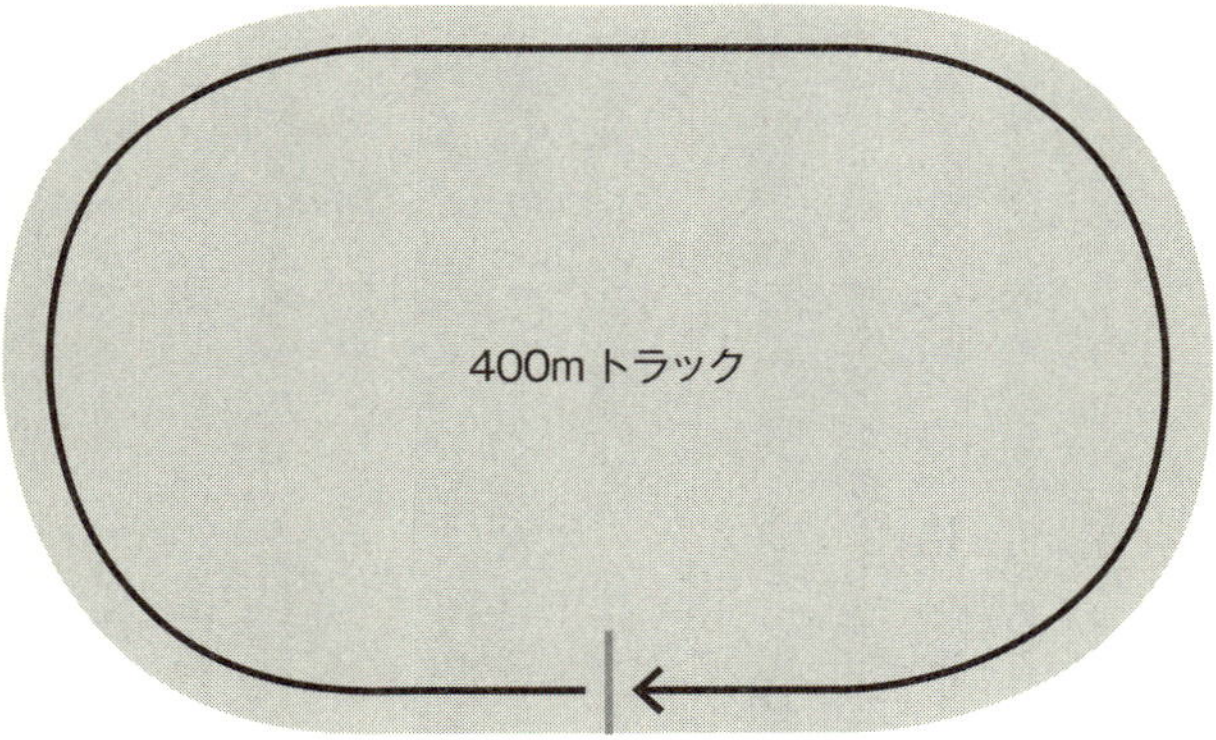

進んでいると思っていて元のスタート地点に必ず戻ってしまう特徴

わけです。

私のレッスン経験から、このトラックのスタートラインに立つキャリアをお伝えします（目安にしてください）。

累積で10万球練習する&１００ラウンドプレーする。この両方をクリアしたときに「停滞トラック」のスタートラインに立っているように感じます。「ロジカルゴルフ」でのキャリアは累積の練習量（球数）とラウンド量（回数）で計ります。よくある年数（時間）ではありません。週1回１００球練習する人と毎日３００球練習する人とでは累積の量が相当違ってくることが理解できると思います。

現実的練習量の10万球イメージです。毎日１４０球で2年間。毎日５００球で7カ月。毎週１００球で18年。毎週１５０球で12年。皆さんはゴルフを始めてから累積でどのくらいの練習量を消化しているのでしょうか？　10万球をクリアしてからも順調にレベルアップしているかを振り返ってください。

ラウンドに関しても同じことを伝えます。１００ラウンドは毎週ラウンドして1年11カ月。毎日ラウンドするならば3カ月10日。毎月1ラウンドなら8年4カ月。１００ラウンド後のレベルアップを振り返ってください。

練習しているにもかかわらず3年間停滞していると感じる人は「停滞トラック」に入っている可能性が高いのです。そして、一度「停滞トラック」に入ってしまうと再度レベルアップするには「意識革命」が必要になります。この「意識革命」が「ロジカルゴルフ」でいう「思考技術」になります。

方法論ではなく、考え方からの修正が条件になります。「停滞トラック」から抜け出すためには考え方を修正する必要があります。

読者の皆さんが、自分は「停滞トラック」を周回していると感じたなら考え方を修正する必要があります。考え方を修正することが「思考技術」のレベルアップにつながります。「上達ゴルファー」は「停滞トラック」を走っていません。少しずつですが、レベルアップしている自分を確認しています。スコアや球筋には表れなくても確実にレベルアップしています。

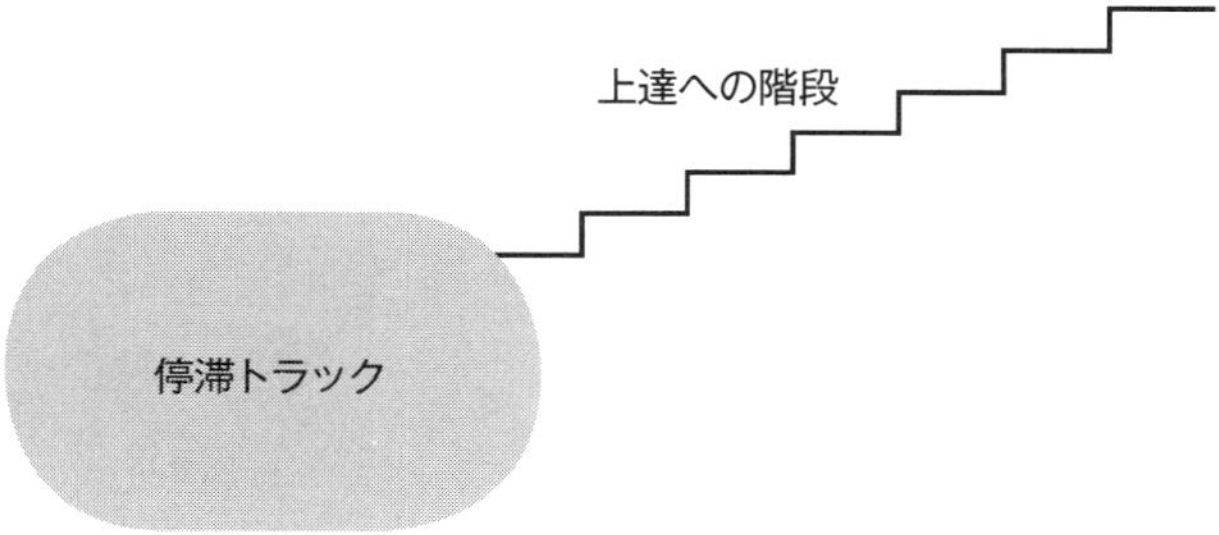

私が世界一尊敬するジャック・ニクラウスの言葉を伝えます。

「私のゴルフはまだ進化している」

この言葉こそが「停滞トラック」ではない道を歩いていることを表現しています。「停滞トラック」を抜け出すと「緩やかな階段」があります。

この階段こそが「上達ゴルファー」の階段です。生涯登り続ける階段があります。魔法を探す「停滞ゴルファー」は生涯「停滞トラック」を走り続け、「上達ゴルファー」は永遠に上達し続ける緩やかな階段を登り続けます。ゴルフのレベルアップとはスコアや飛距離だけではありません。私のレッスン歴にはプロより上手いアマチュアの生徒がいました。

その生徒はこの原稿を書いている今、90歳です。70歳を越えたときから毎年エージシュートを続けています。飛距離は年々落ち、スコアもダウンしていますが、ゴルフは進化しています。

若い頃、トーナメントで優勝したプロが90歳になったときにどのようなプレーをしているかを想像してください。この生徒は、ほとんど毎日練習して月に数回ラウンドします。そして毎年エージシュートを達成する生涯アマチュアです。私は心から尊敬します。

これが上達の階段を歩いている「上達ゴルファー」なのです。自分が「停滞トラック」を走っていると感じたら、一刻も早くそのトラックから抜け出さなくてはいけません。「停滞トラック」から抜け出す方法は「考え方」を修正することしかないことを再度伝えます。

ロジカルゴルフ　実戦ノート4

「停滞トラック」から抜け出す＝「上級ゴルファー」の考え方に修正する

「練習量」と「練習の質」

サラリーマンでありながらトップアマの実力を持つ和田貴之さん（ハンデ＋2）のエピソードを紹介します。私が和田さんに出会ったのは1990年と記憶しています。私が都内のゴルフスクールにスカウトされたときでした。ファミリーレストランでゴルフ談議に花が咲き、盛り上がったことを昨日のことのように感じます。私が28歳のときで、和田さんは25歳。当時ハンデ5のレベルだったと思います。

その当時、和田さんはスイングが不良で、何とかスコアを作り、ハンデ5を維持している状態でした。和田さんはスライサーでしたが、そのスライスボールに悩んでいて、これ以上のレベルアップは難しいと感じていたようです。

私が最初にアドバイスしたのはアドレスとバックスイングでした。ある課題を与え、結果的には発射ライン（打ち出しの方向）のコントロールからスタートしました。3年間アドバイスした後、7年のブランクがあり、再会したときにはハンデ＋2のトップアマチュアに成長していました。

和田さんの「練習量」は現在、週1回のゴルフレンジでの練習と、週1回のコースでのラウンド練習だけです。その「練習量」でハンデ＋2を維持し、さらなるベルアップを目標にしています。「停滞ゴルファー」にこのエピソードを話すと、週1回の練習でスクラッチプレーヤーになる方法があると勘違いします。和田さんのレベルに到達するには、たくさんの「練習量」を積み、多くの失敗をしていることを理解する必要があります。過去の「練習量」と「練習の質」を知ることが大切だということです。

上達する人に共通する事柄は「上手くなった自分をイメージできる」ということが挙げられます。
そして、それを達成するために現実的目標と戦略を明確にしています（これはプロ志望のジュニア指導の基本ともいえます）。即効性を求めずに、真の技術を体得するために練習することを覚悟します。

昭和の大経営者、松下幸之助さんの有名な言葉です。

「成功とは、成功するまで続けること」

この言葉をゴルフに置き換えます。

ロジカルゴルフ　実戦ノート5

上達＝上達するまで続けること

この当たり前の方程式を「停滞ゴルファー」は理解できず、実行できません。それが上達できない最大の原因になっています。魔法を探す心理は忍耐力の欠如と上達するイメージがないことからの行動と感じます。

ロジカルゴルフ　実戦ノート6
レベルアップ＝練習量＋練習の質（目的を持った練習）

「反射的運動能力」より「思考技術」

ゴルフと他のスポーツの違いを検証します。

一般的なスポーツは練習によって「反射的運動能力」を鍛えます。野球を連想してください。今、あなたは三塁手です。バッターが打ってくるボールに対して素速く反応する能力が求められます。とても考えている時間はありません。

テニスやバレーボールなども同様、飛んでくるボールに対して反射的に反応する技術が必要になります。「反射的運動能力」が問われるスポーツでは考える前に体が動く訓練が要求されます。

それらに対してゴルフはどうでしょうか？　素振りをしてスイングの注意ポイントを決め、ルーティンからアドレスし、そしてスイングを実行します。そこには「反射的運動能力」はほとんど必要としません。

つまり、ゴルフは多くのスポーツに必要な運動能力とは違った能力が必要になることを理解してください。ではゴルフは他のスポーツとは異なる何が必要になるのでしょうか？

最大の特徴は「自分の意思でスイングする」ことにあります。作戦を立て、クラブを選び、スイングの注意ポイントを決め、アドレスに入ります。

似た要素を持った競技はビリヤードやボウリング（特にスペアを狙う2投目）などが挙げられます。

野球の投手も自分から動作を起こしながら戦略的に結果をコントロールするため、ゴルフと同じような運動能力を必要とします。このため、投手は打者よりもゴルフ上級者が多いのではないかと推理します。自分から動作を起こすことで結果を作らなければならない。これは「反射的運動能力」とは別の技術を高める練習が必要です。

別の技術とは「思考技術」になります。体操選手のような能力の代わりに「考えてから動作に入ること」が重要な技術になります。体の動きを決め、意識を使い、実行するわけです。

球聖ボビー・ジョーンズの言葉に「ゴルフは耳と耳の間のゲーム」というのがあります。２００9年、ターンベリーの全英オープン、72ホール終了でトップタイのリーダーボードには59歳のトム・ワトソンの名前がありました。ジャック・ニクラウスは晩年、「私はまだ進化している」と言いました。59歳のワトソンがなぜ、メジャー大会で優勝争いができたのでしょうか？　晩年のニクラウスの言葉にはどのような意味があるのでしょうか？

私の解釈です。「ゴルフは身体能力だけが武器ではない」ということで納得できます。この意味を深く理解することが上達への絶対条件になります。

現在、私の生徒たちは、プロ、トップアマ、アベレージゴルファー、初心者と、すべてのレベルのゴルファーが存在します。65歳を越えてから人生最高の飛距離を体得してベストスコアを更新した生徒も実在します。もし他のスポーツだったら絶対にあり得ないことです。

ロジカルゴルフ　実戦ノート7

レベルアップ＝ほんの少しの身体能力と考える習慣

このことは25年以上のレッスンキャリアから導いた結論です。

身体能力のピークを仮に35歳とします。「思考技術」のピークはゴルフ人生の最後ということになります。それは本人次第で年齢に関係なく成長することが可能だということを伝えます。

特に一般アマチュアの場合は、プロのような高い技術レベルにないことが多いため、飛距離にしてもスコアのピークも晩年にくる場合が非常に多いことも特徴になります。

「スイング技術」と「コース戦略技術」

ゴルフのスコアはどのような法則に従って決定するのでしょうか？「停滞ゴルファー」の考えは「スイング技術」に比例しているということです。

約30年前に私がよく知る18歳の少年がいました。初心者レベルでコースに就職し、ドライバーの飛距離は190ヤードで30ヤード曲がるスライスボール、5番アイアンの飛距離は150ヤードでした。

この少年が2カ月後に「ハーフ38」というスコアを記録したことを思い出します。少年は2カ月で完璧なスイングが身につき、狙ったポイントに打てるようになったのでしょうか？　答えは「NO」です。ボールを打つ技術はほとんど進歩していなかった記憶があります。

では、何故、スコアアップできたのでしょうか？　答えは「コース戦略技術」を体得し始めたことにあると後日理解しました。よく耳にする「コースマネジメント」です。

その少年はさらに重要なことを理解します。スコアに影響を及ぼす技術とは「スイング技術」と「コース戦略技術」の両方であるということです。

さらに話を進めます。

皆さんのコースでのプレーを振り返ってください。「スイング技術」と「コース戦略技術」で、どちらの技術が高く、どちらの技術が低いか、わかっていますか?

結論は左記の通りです。

ロジカルゴルフ　実戦ノート8

スコア＝スイング技術＋コース戦略技術＝その低いほうに比例する

これがスコアの法則になります。スイングだけではなく、コース戦略も含めて勉強し、レベルアップすることがスコアアップへの不可欠な要素になるのです。

実は前出の少年は私、18歳の尾林弘太郎です。当時、「どうして上手く打てないのにスコアがよくなってきたのか?」理解できませんでした。これは一般ゴルファーが体験する「反対」の結果だ

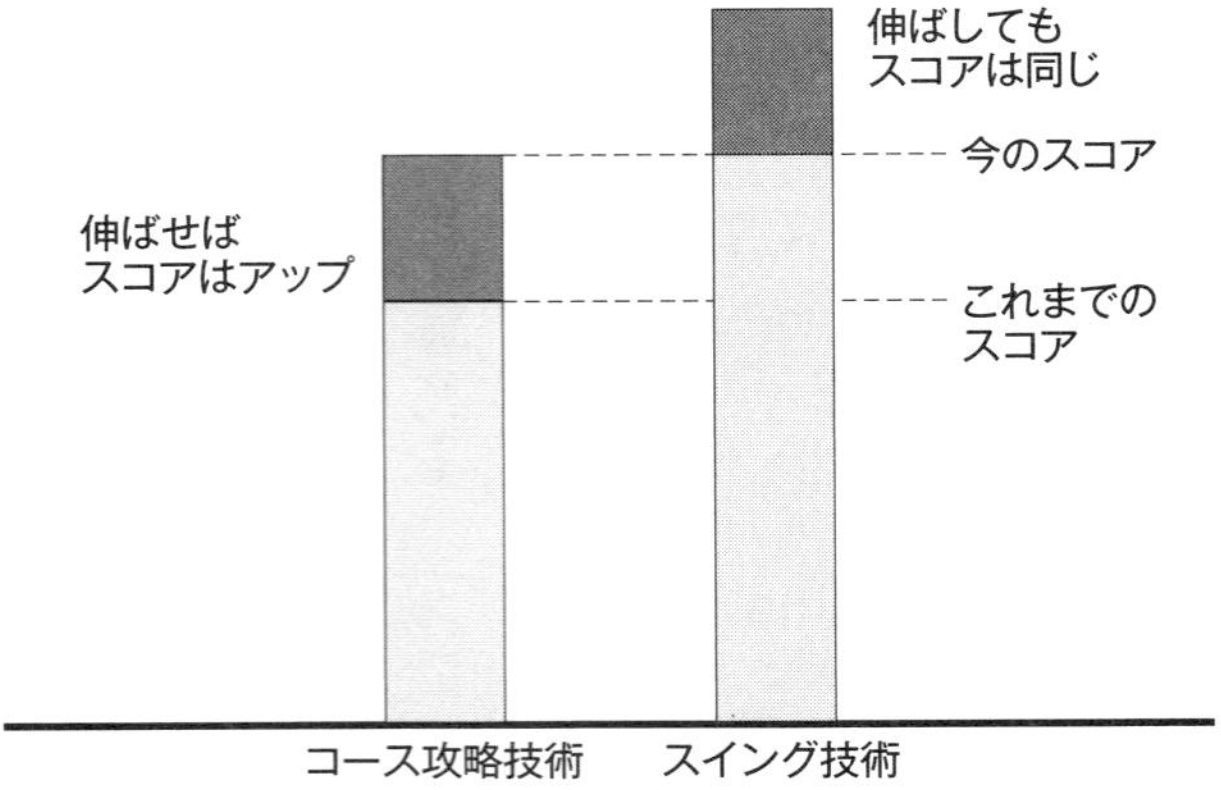

ったのですが、この謎が解明されたのは10年以上も後になります。

身体能力が平均以下だった私自身がスコアアップできた方法は誰にでも可能だと確信します。「停滞ゴルファー」の大きな特徴は「コース戦略技術」には興味が少ないことが挙げられます。

なぜでしょうか？　答えは「100点のスイング」があれば狙った場所に打てると信じているからです。だからコース戦略は必要ないと考えます。

70台でプレーするために、スーパーマンのような技術はまったく必要ありません。ベン・ホーガンの言葉に「ゴルフは誰でも70台でプレーすることができる」というものがあります。私も心底そのように思います。それは自分自身が実証したからです。

レッスン活動の中で、この2種類の技術、「スイング技術」と「コース戦略技術」を理解して練習し、シングルプレーヤー入りした生徒が数多くいることを事実として伝えます。

人は経験していないことは「難しい」と考え、達成すると「難しくない」と考えます。私は「ゴルフは難しくない。しかし簡単でもない。けれども、面倒くさい」と感じます。多々ある情報を整理し、理解し、練習することで「使える技術」にしてください。ゴルフが上手い人はたくさんのことを知っている人ではありません。自分が知っている情報を「その場面で使える人」です。つまり、インプット力ではなく、アウトプット力なのです。

2種類の技術を実戦で使える技術に高めて、スコアアップという達成感を味わって欲しいと思います。

ロジカルゴルフ　実戦ノート9

「上達ゴルファー」への道＝多くのことを知っているよりも、少しの情報を使える技術まで高めること

「ロジカルゴルフ」の「4段ピラミッド」

「ロジカルゴルフ」には「4段ピラミッド」というものがあります。

「4段ピラミッド」の1段目は「考え方」になります。各情報をどのような考え方でとらえるのか？　この項目は外からはわかりにくいゴルファーの「思考技術」になります。これは他人からは見えにくい技術ですが、レッスン時に私が最も重要にしている項目です。

生徒たちが、どのような考え方を持ち、練習やコースでプレーしているかを分析することが、レッスンのスタートになります。その結果、生徒が「停滞ゴルファー」思考の場合は、「考え方の修正」を最初に行います。

「4段ピラミッド」での「考え方」は地面に埋まっているような感じになります。植物で例えるなら「根」に当たります。「考え方」はゴルファーの成長を促進する栄養。「考え方」を「上級ゴルファー」にすれば、レベルアップの花を咲かせることになります。逆に「停滞ゴルファー」の「考え方」にはレベルアップのための栄養はありません。花を咲かせることは厳しいことになります。心底、上達を望んでいる方は「考え方」に注意する必要があるわけです。

2段目は「設計図」の理解になります。「設計図」とは、自分が作りたい理想像です。どのようなアドレスをしたいのか。トップはこうして、インパクトはこのようにしたいといったことです。ティショットで右OBの場面ではどのようなコース戦略でプレーしたいのか、つまり自分のゴルフの完成形が「設計図」になります。「設計図」は自分のゴルフでのゴール的な意味を持ちます。何故、そのようにすべきなのかを考え、理由を明確にすることがより重要な意味を持ちます。

3段目は「自己評価能力」です。

これは、現在の自分を的確に分析する能力になります。レベルアップにおいての高いハードルがこの項目。「上達ゴルファー」は自分のしていることを理解していますが、「停滞ゴルファー」は理解しているつもりで、実際はしていない、または理解しようとしないという事実があります。理解していないので当然、修正することはできません。

これはダイエットと似ています。まずは自分の体重を知ること。それを知らずして、または知りたくないと嫌がって、やせたいといっても不可能です。「自己評価」をしなくてはならないわけです。

ゴルフでいえば、自分の飛距離というものは、的確な「自己評価能力」が必要になります。8番アイアンで110ヤードのキャリーが自分の距離という事実を、自分は120ヤード打てるはずであると信じ、いつまでもショートするプレーを続けてしまう。これは「自己評価能力」が低いわけで、「停滞ゴルファー」の特徴といえます。１００点のショットをしていないからショートしているといった考えから抜けられない人です。

スイング技術ではインパクトを感じることが「自己評価能力」となります。ヒールで打ったか、トウで打ったか、シャフトのしなり方などを感じることも含まれます。

自分の平均スコアを明確にすることも「自己評価能力」になります。これは自分のプレーの傾向や課題を明確にすることが目的になります。

例を挙げましょう。「つま先下がりの7番アイアンで左にバンカーがあるパターンで、右に打ち過ぎる傾向がある」「左足上がりのショットがショートする」などが明確になっているかどうかということです。

「自己評価能力」は上達するためには絶対不可欠な項目になります。レッスンの経験から、例えば、アイアンでシャンクしたとします。

(私)「今、シャンクしていることを理解していますか?」

(生徒)「わかりません。何で右に飛んだのでしょうか?」

この生徒には、シャンクしていることを理解させて感じさせることからがレッスンになります。

結論として、「自己評価能力」とは今の自分を的確に判断できる、上達に不可欠な技術になります。見えない自分を判断すること自体が大切な技術になるということです。

「4段ピラミッド」の一番上の段は「修正能力」です。実は「4段ピラミッド」の下3段の項目を行うことが習慣になっていると、この項目はシンプルになります。3段目の「自己評価能力」が高く、2段目の「設計図」が明確になっている場合、「今の自分」から「設計図」までをつなぐ道が「修正能力」になります。

スイングを例にしましょう。「バックスイングで頭が飛球線側に傾く」、これは「自己評価」の3段目になります。2段目の「設計図」は「アドレスした頭の位置でトップを作りたい」です。この場合の「修正方法」は「バックスイングで頭を右に動かず感じ」になります。つまり、これが4段目の「修正能力」になります。

3段目の「自己評価」が的確にでき、2段目の「設計図」を理解していれば、4段目の「修正」はシンプルになることを再確認してください（意味も含めて！）。

「4段ピラミッド」のレッスン例

スライスで悩んでいる生徒のレッスン例です。

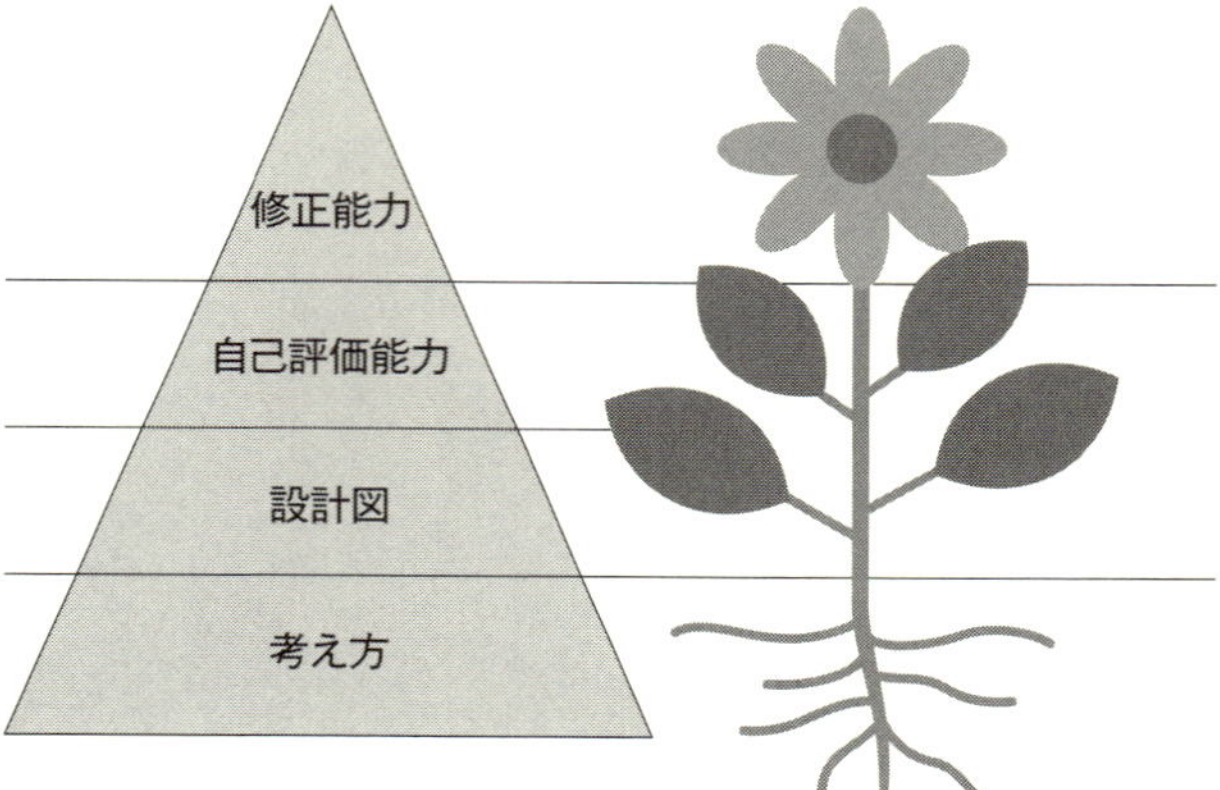

考え方は根　設計図＆自己評価能力は幹葉　修正能力は花

(私)「何のミスを修正したいのですか?」

(生徒)「アイアンのスライスです」

(私)「6番アイアンのスイングを見せてください」

(生徒)「何球か打ちましたが、すべてがスライスです!」

(私)「では、スライスを防ぐ部品を修正しましょう」

(考え方)「現在のスイングはダウンの左膝が~になっていますが、そこを感じとってください」

(生徒)「理解しました」(自己評価)

(私)「左膝が~になると、クラブが~ようにヒットします。この動きを確認してください」

(生徒)「理解しました」(自己評価)

(私)「インパクトのクラブの動きを~にしたいのです」(設計図)「そのために左膝を~のように注意してください」(修正方法)

（生徒）「左膝とインパクトが変わってスライスが修正されました」

これは1つの例ですが、スライスを修正することでフックになってもOKという考え方が大切なことも伝えます。

レッスン情報で多く見るのは「2段目」と「4段目」のみの情報です。1段目は「ナイスショットの方法」を探す「考え方」です。これを疎かにしていては、ナイスショットになるのは「魔法」でしかありません。そして、3段目の「自己評価」を省いては、「修正」できてもすぐに元のスライスに戻ってしまいます。

3段目の「自己評価」など、意識しなくても上手くいけばいいではないか、というレッスンがとても多いと思います。つまり、4段目の「修正方法」のみ興味があるわけです。対して、私の意見は4段をつなげることによってレベルアップが可能になるということです。すべてをクリアしなければ真のレベルアップはあり得ません。ヒットポイントも理解していない、自分の姿も理解していないで修正しても、感覚のセンサーは機能しません。

ダイエットの話に戻ります。

「現在80kgある体重を理解し、3カ月で65kgになることを達成しよう」

「そのために～の運動と食事を～に制限しよう」

「毎日2回体重計で確認しよう」

常に自分の状態を確認してこそ、進行状態も理解できます。ところが現在の80kgを確認しなければ具体的な対策は作りようがないことを理解してください。

「自己評価」はとても大切な項目です。1つの情報に対して4項目で検討するからこそ、確実な練習課題やレベルアップが可能になります。

「1ストローク打つためにすべきこと」

ゴルフのスコアをよくしたい、上達したいと望むのであれば、まずは「上級ゴルファー」の思考を手に入れなければならないと説いてきました。そして、練習のときからそれを行い、自己分析をしながら、理想のゴルフを計画立てて、修正を施しながら一歩ずつ階段を上っていくことだと説明したわけです。

そうして実際にコースでプレーするときには、目の前にあるボールをどう考えてどう打つかということが重要になります。「1ストロークを打つためにすべきこと」を理解するということです。

これには大きく5つの項目があります。

①状況判断（現在の状況を把握する）
②結果設定（作るべき結果を設定する）
③戦略（どのようなことをすべきか？）
④実行力（戦略を実行する力）
⑤結果分析&反省（出た結果を分析し、反省する）

右記の5項目は「ロジカルゴルフ」で伝えている1ストロークの流れでもあります。つまり、ゴルフのプレー方法であり、技術になります。「なるほど」と感じる人も多いのではないでしょうか？

では、右の5項目を「停滞ゴルファー」はどうイメージするでしょうか？「完璧なスイングを身につけ、狙ったところに打つことができる」ことのみがゴルフの技術と考えます。しかし、ゴルフのプレー方法はそれだけではまったくありません。

「上達ゴルファー」から「上級ゴルファー」になるためには、スイング以外の技術を高めることが絶対条件になります。それが右記の5項目なのです。

①は現在の状況であり、②は可能領域で結果を決めることであり、③はそれを達成するためにすべきことを決めることであり、④は決めたことを実行できる技術であり、⑤は結果が出た後で

反省し、次回のプレーに生かすこととなります。

この流れを「上級ゴルファー」は習慣として持っていますが、「停滞ゴルファー」は考えもしないし、考えたくもないわけです。しかし、この事実を理解しないことが、永遠に「停滞ゴルファー」から抜けられない原因になります。

「停滞ゴルファー」から「上達ゴルファー」に入るためには、この5項目を訓練し、レベルアップすることができれば十分可能になります。

1ストロークの流れを練習し、レベルアップすることのみが唯一、スコアアップの方法になることを理解してください。「上級ゴルファー」になるためにはボールを上手く打つ以外にも必要な要素がたくさんあることを理解してください。

「ロジカルゴルフ」はスイングだけではなく、スコアアップにこだわったレッスンプログラムになっています。その基本的内容が前記した5項目です。この内容をすべてレベルアップすることで確実に上達するプログラムなのです。

「1ストロークの流れ」とは？

実際のプレーを思い出してください。

ティグラウンドではティアップしてアドレスし、ボールを打ちます。では、セカンドショットはどうしていますか？　アプローチやバンカーでは何か考えてからアドレスに入っていますか？

すべてのショットには1ストロークを打つための流れがあり、様々な事柄を判断する必要があります。

「停滞ゴルファー」の1ストロークの考えを再確認してみましょう。

「私は狭い地点に打てない！」「だから上手くない！」「狭い地点に打てればすべて解決！」「だからスイングがすべて」といったことになります。

「上達ゴルファー」になるためには、この考え方を変えることがスタートになります。「上級ゴルファー」のプレーの考え方を身につけることです。

「ゴルフは狭い地点には打てないもの」「だからコース戦略が絶対に必要」ということです。

ここがスタートです。それでは1ストローク打つための5項目を1つ1つ勉強していきましょう。

第2章

1ストローク打つための「状況判断」

この章では、コースでプレーするにあたり、
目の前の1ストロークを打つために
考えておかなければならない事柄、
「状況判断」を説明します。

コースでプレーするときに、よいショットを打とうとスイングのことばかり考えていませんか？　コースではむしろ、スイングのことは忘れて、まずは目の前の1ストロークを打つための状況判断をすることです。それができればナイスショットでなくてもスコアを作ることができます。

「状況判断」

コースでプレーしている自分を思い出してください。今から打つ1打に対して、最初にしなければならないことが「状況判断」です。

最初にボールが止まっている状況を判断すること。そして、コースの状況を判断します。「状況判断」をする理由は、「今、ボールが止まっている状況から何ができるか？」の可能領域を判断するためです。「状況判断」をして、自分の可能領域を判断し、「結果設定」をします。

つまり「状況判断」なくして「結果設定」はあり得ません。「上達ゴルファー」は「状況判断」に細かい神経を使いますが、「停滞ゴルファー」は「状況判断」をしない、もしくは重要とは考えていません。考えることはスイングばかりで、すべての結果をナイスショットで作りたいと考えます。

しかし、スイングやショット以外でも、よい結果は作れるのです。

「停滞ゴルファー」が「状況判断」を大切にしない理由

「停滞ゴルファー」は何故、「状況判断」をしないのでしょうか?

①「難しい」と考える
②「面倒くさい」と考える
③「状況判断してもよい結果にならないから意味がない」と考える
④「スイング技術で狙ったところに打てれば関係ない」と考える
⑤「私はそのレベルではない」と考える
⑥「スイングを完成してから勉強しよう」と考える

一方、「上達ゴルファー」はどのように考えるのでしょうか?
①と②に関しては、「結果設定のためには絶対に必要なこと」と考え、日々それらを行う訓練をします。永遠に100点にはならないことを理解し、習慣を作ります。

③に関しては、自分の技術で何が可能かを判断するために必要と考えます。

④に関しては狙ったところには打てないからこそ絶対に必要と考えます。狙ったところに打てるのならホールインワンを狙えるということになります。となれば、プロであれば18ホールで36アンダーでプレーが可能になってしまいます。

⑤に関しては、状況判断レベルが低いから今のレベルで止まっていると考えます。

⑥に関しては、スイングと状況判断は別の項目。だから平行してレベルアップすることが上達の近道と考えます。

「停滞ゴルファー」と「上達ゴルファー」の考え方の違いが理解できたでしょうか?

「状況判断」だけではよい結果は作れませんが、よい結果を作るうえで避けて通れない項目になります。

ロジカルゴルフ　実戦ノート10

「上達ゴルファー」＝状況判断を大切にする
「停滞ゴルファー」＝スイングのみで結果を作りたがる

「状況判断」の3項目

「状況判断」をするべき具体的な項目に入ります。コースレッスンでは「状況判断」を私が解説して、生徒が自分との判断の違いを勉強します。

「状況判断」には「ライの判断」「風の判断」「危険エリアの判断」と3つの項目があります。

これら「状況判断」の3つの項目を最初にしっかりと行い、結果設定や戦略などの思考技術をレベルアップすることが「ロジカルゴルフ」での課題になります。

1「ライの判断」

状況判断の最初の項目は「ライの判断」です。ボールの地点に到着して最初にする作業が「ライの判断」となります。

ティショットから解説しましょう。皆さんはティアップしますか？　答えは「YES」ですよね。

では、何故ティアップするのでしょうか？　解答はティショットのみが「ライへのコントロール」

の自由が与えられているからです。

高くティアップすることもできますし、低くティアップして打つことも可能です。ティアップの高さをプレーヤーが自由に変えることができるのです。

では、ティアップの意味はといえば、それは「トップボールを防ぐ」ことにあります。ボールを高い地点に持ち上げることの意味は「トップしにくい状態」を意図的に作れることだと理解してください。つまり、それがよいライということになります。

またティアップすることによって、スライスを防止しやすい状態になることも理解してください。

ロジカルゴルフ　実戦ノート11

よいライ＝ダフらないでヒットしたときに、トップになりにくいライ。
ハーフトップにインパクトしてキャリーするライ
悪いライ＝ハーフトップにインパクトするとトップするライ

「6インチプレース」

日本では「6インチプレース」というローカルルールが存在しますので、ライの項目として少し解説しておきます。

これは進行を考えた特別ルールで、一般的にスルー・ザ・グリーンにおいて6インチ（約15cm）ボールを動かしてプレースしてよいルールです。このローカルルールで慣れているゴルファーは常によいライから打つ習慣が身についてしまいます。

クラブ競技などに参加していなければ、ノータッチが正式ルールということを忘れ、動かせるのが「当然」と考えるゴルファーも存在します。しかし、R&Aが定めるルールは「ボールは、あるがままの状態でプレーすべき」&「プレーの公平性」です。あくまでも「6インチプレース」は日本だけの特別ルールであることを理解してください。

しかし、「6インチプレース」は打ちやすいライにボールを置くことができるので、ライの勉強になることもあります。よいライと悪いライの区別がつくようになる可能性もあるわけです。それによってナイスショットの確率が高まりプレーの進行がよくなることを期待したローカルルールというわけです。

「ライを判断する理由」

「ライを判断する理由」を考えましょう。レッスン会での講習を再現してみます。

(私)「『状況判断』の第一項目は『ライの判断』です。皆さんライを判断しましょう」

(生徒)「私はそんな難しいことはわかりません」

(私)「よいライか、悪いライか、判断するだけでよいのです」

(生徒)「打ちやすいかどうかですね」

(私)「そうです。ではなぜ、ライを判断しなければならないのか、その理由を伝えます」

そんなやりとりがあって、私が述べます。「ライを判断する理由」は「使用クラブを決定するためです」と。

「上達ゴルファー」のクラブの選択基準は「ライが優先で距離が後」になります。例えば、「180ヤードの距離が出るクラブを使いたいが、ライが悪いので8番アイアンまでしか使えない」などを判断し、実行することにより、ミスショットの確率を低くすることが可能になります。プロがナイスショットを高い確率で打てる理由の1つには、ライを的確に判断し、使えるクラブを選択できることがあります。

「上達ゴルファー」はライを判断する重要性を理解しています。ライを判断し、自分の技術から使用可能なクラブを的確に選択しようと努力します。ライの判断力を高めるには、この法則を意識してプレーすることに尽きます。毎ショットごとにライを注意することによって、皆さんの判断レベルは格段にアップします。ミスショットしたとき、「スイングのミスなのか？　ライの判断ミスなのか？　両方なのか？」を分析する習慣を作ってください。

その一方で、「停滞ゴルファー」のクラブ選択基準は「打ちたい距離」を優先的に考える傾向があります。例えば、使いたいクラブが180ヤードで、使えるクラブは140ヤードのクラブだった場合でも、180ヤードのクラブを持ちます。そしてライがよくないことに気づいたときは「先生、どのようにしたら上手く打てますか？」と魔法の方法を求めます。「停滞ゴルファー」特有の「スイングがすべて」の考え方からくる質問になるわけです。結果は当然のようにライを判断しないことでミスショットが増えるわけです。「思考技術」においては、ミスショットの意味を理解しようとせずに「スイングのミス」と決めつけ、どのようにスイングすればナイスショットできるかに関心が寄せられてしまいます。

ライの善し悪しによってミスショットの確率が大きく異なる、フェアウェイウッドやアプローチでのサンドウェッジを使用する際は、使いたいときにライを細かく判断する必要があることも伝えておきます。

「ライを勉強する」

ライを分析します。ライは大きく2種類に分けられます。

1つは「地面の状態」、もう1つは「傾斜の状態」です。

この2つのライにおいて、プレー中に打ち出されるボールにどのような影響があるのかを検証します。

「地面の状態」

①フェアウェイ

ティアップ以外では非常によいライになります。ここでのミスショットの原因はスイング（アドレスを含む）によるケースが多くなります。

②ラフ

ラフからは使う番手によって現象が変わってくるのが特徴です。ラフでもよい状態ならばフェアウェイウッドなども使えますが、そうでないときはショートアイアンがやっとのときもあります。日本オープンやUSオープンのセッティングなどはラフの難しさを観戦するよい機会になります。

上手く打ったとしてもフェアウェイと比べてバックスピンがかかりにくくなります。グリーンを狙ったショットが止まりにくいことを予測したプレーも必要になります。ナイスショットするとフライヤー現象が出やすいことも特徴です。

フライヤーとはバックスピン量が減り、そのクラブの距離よりも飛んでしまう現象になります。

③ベアグラウンド

ベアグラウンドは悪いライになります。ボールだけを打つことができればフェアウェイからのショットと変わらない結果が出ますが、ジャストミートすること自体、高度なスイング技術が必要になります。

「停滞ゴルファー」の特徴はジャストミートしたい感情からトップとダフリを繰り返します。「上達ゴルファー」は上手く打ちづらいことを判断できます。結果、ハーフトップボールで打つことを選択できます。ダフリは1ペナルティと考えます。当然、ハーフトップで打つわけですから、

ランが出やすくなることを計算に入れたプレーをします。

④バンカー

バンカーは砂の質によっても影響が変わってきます。柔らかい砂、硬い砂、ボールが埋まっているか、埋まっていないかを観察して判断します。

フェアウェイバンカーではベアグラウンドと同じようにプレーします。

特にダフリのミスの場合は打ちたい距離がまったく出ないことを「上達ゴルファー」は理解しています。

⑤順目芝

フェアウェイやラフなどでの芝目を観察してください。順目芝の場合はよいライに属します。ラフでもクラブが抜けやすく、距離も出すことが可能です。ランが出やすい特徴があります。「停滞ゴルファー」は順目でも逆目でも同じように考える特徴がありますが、「上達ゴルファー」は注意深く観察する傾向があります。

逆目芝は悪いライ

⑥逆目芝

フェアウェイやラフなどで観察します。逆目の場合は順目とは反対によくないライに属します。トーナメントでツアープロがグリーンの奥などからダフリのミスをしているときなどは逆目の可能性があります。テレビなどではわかりにくい逆目は芝の先が飛球線後方に向いているために、クラブとボールの間に数本の芝が入りやすくなります。そのためダフリのミスになりやすいのです。「上達ゴルファー」はそのことを理解して逆にトップのミスをしたりしますが、「停滞ゴルファー」はエンドレスにダフリを繰り返す特徴があります。

フェースとボールの間にたった一本の芝が入るだけで打ち出されるボールは、まったく異なることを理解してください。

「傾斜の状態」

傾斜はボールの曲がりや高さ、キャリーやランに影響があります。実際のプレーでは想像力を働かせて予測する必要があります。

「上達ゴルファー」はこのことを理解して、出るボールでプレーしようとするのが特徴になります。「停滞ゴルファー」は傾斜の影響を考えずに打ちたいボールのみを考えたプレーをします。当然、上手くいくことは少なくなりますが、原因を理解しようとしないのも特徴になります。

①フラットな傾斜

フラットな状態とは練習場の打席です。コースではフラットに近い状態はありますが、完全にフラットな状態は存在しないと考えたほうがよいプレーをするうえで大切なことになります。

フラットな傾斜は基本的なライになります。自分の基礎スイングをフラットなライで練習してください。何番アイアンではこの高さでこのキャリーというように、自分の番手による違いをしっかりと判断できるように練習するのが、フラットなライになります。

「上達ゴルファー」はフラットなライで上手く打てたとしても、コースでは上手く打てないこともあることを理解しています。一方、「停滞ゴルファー」はフラットなライで上手く打てれば、すべてのライでも上手く打てるはずだと考えます。

②左足上がりの傾斜

左足上がりの傾斜から打たれるボールは高くなることを理解してください。

7番アイアンで打ったボールが9番アイアンの高さになるような現象をライから判断することが必要になります。木の下を抜きたいときなどで左足上がりのときは上の木に当たりやすくなることを考えてください。

逆に3番ウッドなどの長いクラブは、左足上がりでは上がりやすく使いやすくなることもあるので、そうしたことも判断する必要があります。

③左足下がりの傾斜

左足下がりの傾斜から打たれるボールは低くなることを理解してください。左足上がりの傾斜とは反対になります。

7番アイアンで打ったボールが5番アイアンの低さになるような現象をライから判断してください。状況的には「～越え」のときに高さが出ないことを考えてプレーする必要があります。

ロフトの少ないロングクラブを使いたいときなどは、特に注意する必要があります。その番手で高さが出るか、出ないかを判断してください。

④つま先上がりの傾斜
つま先上がりの傾斜からナイスショットした場合は、クラブヘッドがトウアップの状態でヒットするため、フックボールになりやすくなります。フックになる分、高さに対しては少し低いボールになり、ランが出やすい状態になることを理解してプレーする必要があります。

⑤つま先下がりの傾斜
つま先下がりの傾斜からナイスショットした場合は、ヘッドのヒールがトウより高い状態でヒットしやすくなるために、スライスボールになりやすくなります。その分、フラットなライから打たれたボールより距離は落ちることを理解してプレーする必要があります。

「応用技術」

「上級ゴルファー」が活用する戦略を紹介します。

よくないライから距離が欲しい場合です。例えば使えるクラブが6番アイアンだとしますが、これはジャストミートを考えたときです。悪いライからではジャストミートは不可能と判断、5番ウッドでトップボールが打てるかどうかを考えます。

ここからが大切です。6番アイアンのジャストミートと5番ウッドのトップボールの結果を予測します。5番ウッドのトップボールが6番アイアンのジャストミートの距離を上回ると判断できたら、この場合の選択クラブは5番ウッドになります。

「停滞ゴルファー」はトップボールをコントロールすることを想像できませんが、「上級ゴルファー」はトップボールを武器にします。

この「思考技術」はロングホールのセカンドショットや打ち下ろしのショット、アゲンストの風の状況などで武器になります。また、ライがよくない冬のプレーでも必要な場面が多くあります。

いずれの場合も、60点の結果に満足することが大切になります。

●「ライの判断」のまとめ

「上達ゴルファー」が使用クラブを決定する優先順位は「ライが優先で距離が後」ということです。

「停滞ゴルファー」は「距離が優先でライを判断せずに上手く打つ方法を知りたがる」。

ライはスイングから打ち出されたボールに影響を与えることを理解します。

ライは「地面の状態」と「傾斜」の両方を確認すること。実際のプレーでは、その両方が組み合わさった状態から出るボールを予測することが、この項目でレベルアップする唯一の方法になります。

2「風の判断」

状況判断の2項目目は「風を判断する」ことです。

「上級ゴルファー」は風に敏感なのが特徴です。なぜでしょうか？　理由は打ったボールに影響を与えるからです。「停滞ゴルファー」は風に強いボールが打てるスイングのみに興味があります。「上達ゴルファー」はライの影響と風の影響を考えてプレーするからこそよいプレーが可能になります。

「停滞ゴルファー」は風と友達にならない。

「上達ゴルファー」は風と友達になることを考える。

この違いがスコアの違いになって表れることを覚えてください。

ロジカルゴルフ 実践ノート12

実際のボール＝スイングから打たれたボール＋ライの影響＋風の影響によって決定する

例を挙げましょう。

5番アイアンで打とうとしたボールはスライスでした。ところが、結果はスライスしなかった。その理由を考えます。

「風が右から吹いている」。「結果、スライスが消されてストレート系」に見える。

次に40ヤードのアプローチをサンドウェッジで止まるボールを打ちました。結果は止まらずに転がりました。その理由を考えます。

「風がフォロー」。「結果、45ヤードキャリーしてスピンが効かずにランが出た」と考えます。

その他にも風は多くの影響を与えます。

「上達ゴルファー」は弱い風でも使用するクラブや状況によって影響があることを理解しています。だから敏感に風を読まなければよいプレーは不可能と考えます。風の影響を考えて現実に出るボールを予測し、そのボールでプレーすることが技術になります。

「停滞ゴルファー」は風に影響されないボールの打ち方に興味があります。どうせ上手くは打てないのだから風を読んでも関係ないと考えます。また、風を正確に読むことはできないのだから、読んでも意味がないと考えます。これでは風の中でよいプレーはできません。

風は打ったボールの「高さ」「キャリー」「ラン」「曲がり」に影響を及ぼすことを理解してください。状況判断1項目目、ライの判断と同様に、練習のときやプレーのときに意識することがレベルアップの唯一の方法になります。

「風を分析する」

風を分析します。風は「フォロー」「アゲンスト」「右から」「左から」の組み合わせになります。プレー中にどのような影響があるのかを検証します。

①フォロー（追い風）

キャリーが多くなり、ランが出やすくなります（ランが多くなる）。

曲がりが少なくなります。

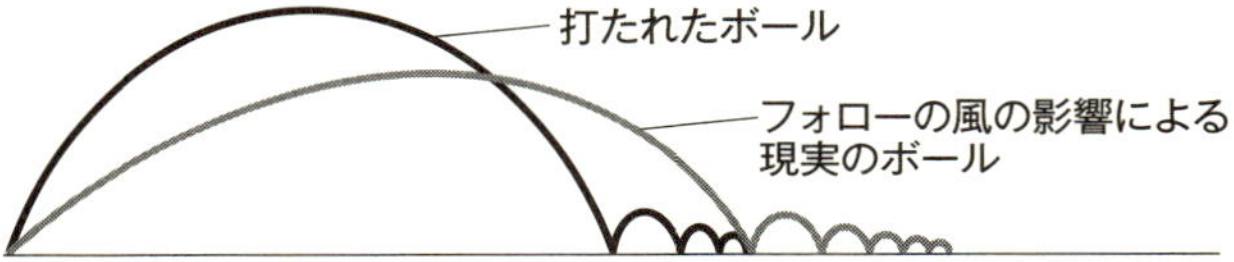

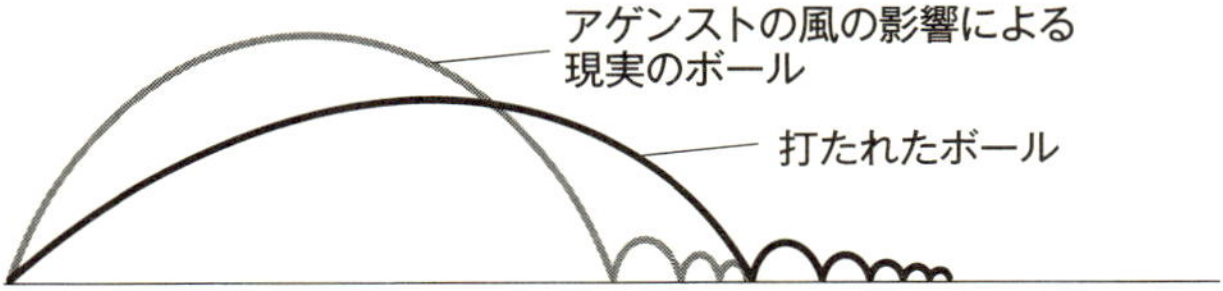

低いボールになりやすくなります。

②アゲンスト（向かい風）

キャリーが少なくなり、ランが出にくくなります（止まりやすくなる）。

曲がりが増幅されます（打ったボールの曲がりが大きくなります）。

高いボールになりやすくなります。

③右からの風

スライスボールになりにくくなります。

フックボールは増幅されます（曲がりが大きくなります）。

④左からの風

フックボールになりにくくなります。

スライスボールは増幅されます（曲がりが大きくなります）。

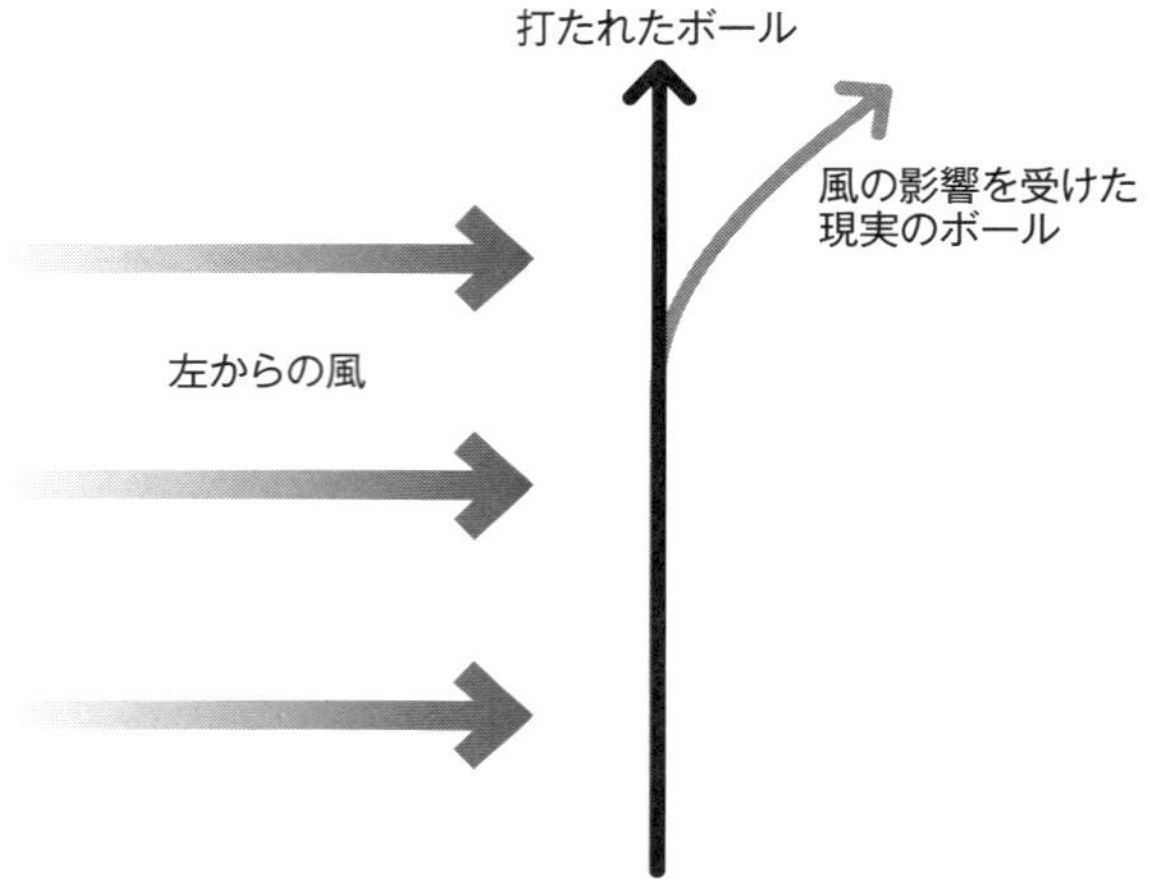

実際のプレーでは「フォローか？　アゲンストか？」「右からか？　左からか？」の組み合わせになる場合が多いでしょう。4種類の風向きを判断することが重要になります。

右へフォロー、右からアゲンスト、左へフォロー、左からアゲンスト。

この4種類を基本に考え、プレーすることを勉強してください。ライや使用クラブ、状況によって影響度は違ってきます。

高いボールと低いボールでは高いボールのほうが影響度は高くなります。つまりドライバーよりショートアイアンのほうが影響度は高くなります。打ち上げと打ち下ろしでは滞空時間が長い、打ち下ろしのほうが風の影響度は高くなります。

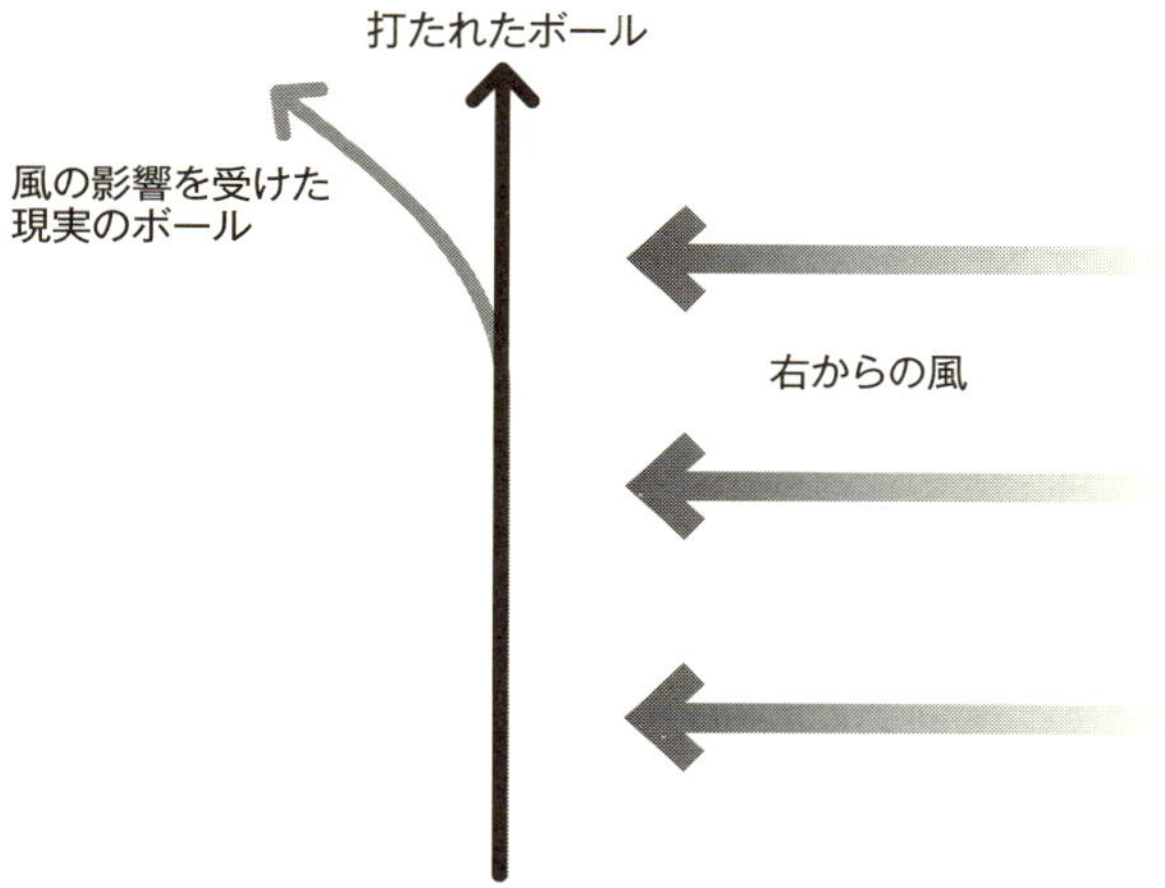
打たれたボール
風の影響を受けた
現実のボール
右からの風

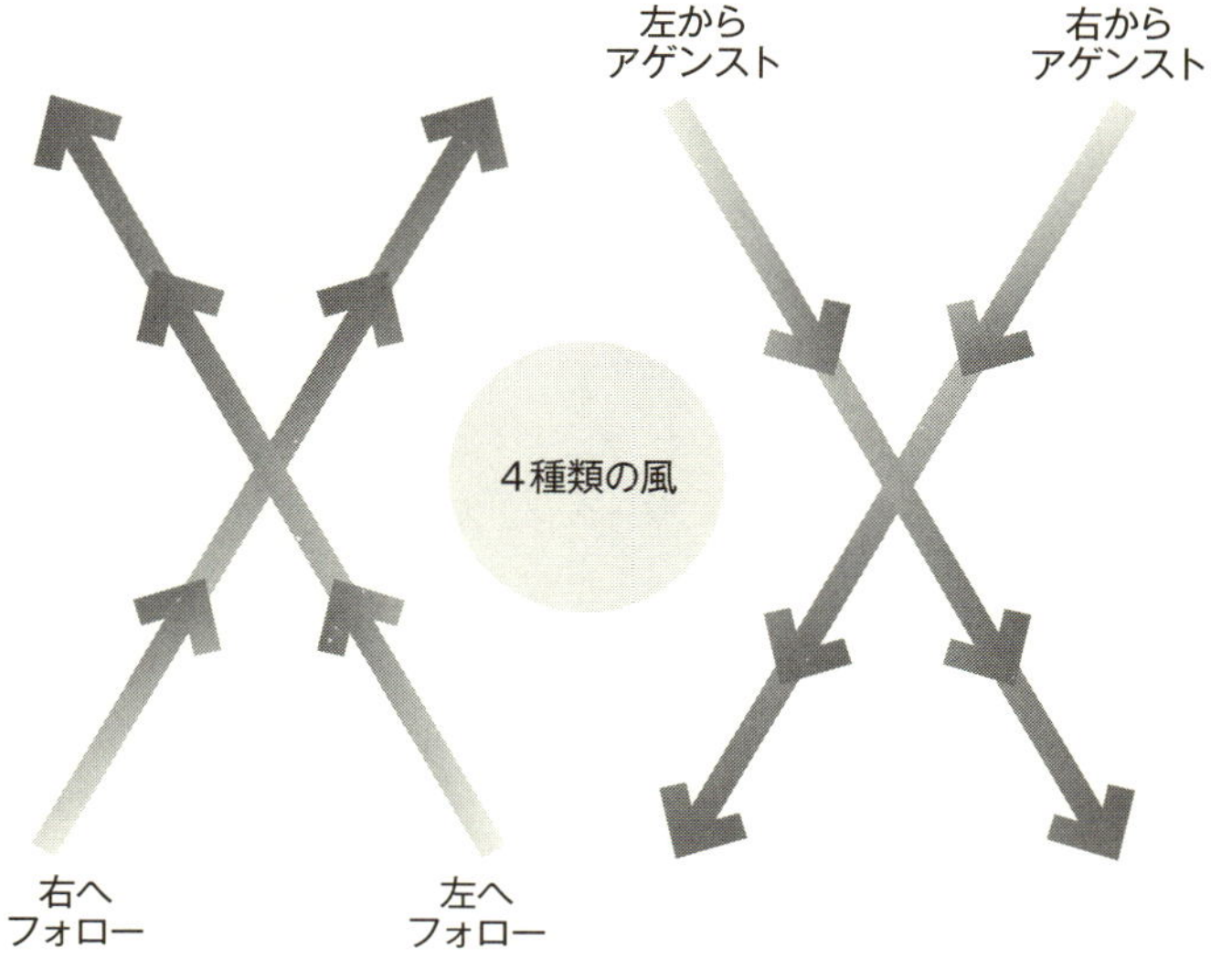
左から
アゲンスト
右から
アゲンスト
4種類の風
右へ
フォロー
左へ
フォロー

「上達ゴルファー」は想像力を働かせながら、風とスイングから打ち出されるボールを先読みします。実際に打ったボールと一致しなくても、この作業を習慣にして日々レベルアップすることに楽しみを求めます。

スイングは日によって、レベル差（調子）や今日の調子が生じます。昨日できたことが今日はできないという難しさがあります。歴史的名選手で最年長グランドスラム達成者であるベン・ホーガンの言葉に「今日の当たりを維持できない」というのがあるほどです。つまり、スイングは生き物であるということです。

しかし、「状況判断」能力を持つことは、今のレベルから後退しない技術になります。年齢や性別に関係なく、昨日より今日のほうが確実にレベルアップできる項目になります。永遠に100点になることは、ないことも伝えますが、限りなくプロと同レベルになれることを理解してください。

分岐点は意識するか、しないか、になります。たとえ判断して違っていても「上達ゴルファー」は反省することを忘れません。「停滞ゴルファー」が即効性を求め、上手くいかないと練習をリセットしてしまうのとは正反対の対処になります。

●「風の判断」のまとめ

打ち出されるボールを決定する要素は「ライと風とスイング」になります。
自分が打ったボールと実際のボールは「ライと風」によって変化することを理解してください。

3「危険エリアの判断」

状況判断の3項目目は「危険エリアを探すこと」です。「ロジカルゴルフ」ではこの項目を「絶対危険エリア」と呼んでいます。

「停滞ゴルファー」の危険エリアの考え方はどんなものでしょうか?

「何で危険なエリアを意識する必要があるのだろうか?」「打ちたい地点を探すのが積極的なプレーだ!」「ナイスショットすれば狙ったところに打てるはず。だから打ちたい地点を探せばOK!」となります。

「上達ゴルファー」は違います。

「ゴルフは完璧に狙ったところには打てない」と考えます。

危険エリアの多くは「リスクとメリット」の両面があるものです。そのバランスを考えるわけですが、「上達ゴルファー」が優先するのは「リスク回避」になります。つまり「危険エリア」を探すことが「リスク回避」のスタートになります。

ロジカルゴルフ　実戦ノート13

「上達ゴルファー」＝リスク回避のために危険エリアを必ず決め、よくないときの結果を底上げする。その後にメリットを考え、打ちたい地点にどのくらい近く打てるかを考えたプレーをする

実際のプレーで「絶対危険エリア」をどのように探したらいいのでしょうか？

「絶対危険エリア」は、１００％近く、そこにはボールを打ちたくないエリアになります。基本的にはスコアが確実に悪くなるエリアを探してください。

ＯＢやウォーターハザードなどのペナルティエリア。バンカーが苦手な人はバンカーかもしれません。

そのエリアに打ち込んだときに、自分の技術だと最悪のスコアになることが予測されるエリアのイメージです。「上達ゴルファー」はこのことをしっかりと理解して重要に考えます。日本オープンやUSオープンで世界のトッププロのプレーがまさに当てはまります。コースセッティングが厳しくなるにつれて「リスク管理」が重要な意味を持ってくることを理解してください。

対して「停滞ゴルファー」はまったく違った特徴があります。「停滞ゴルファー」の積極的プレーとは「冒険」を意味します。言葉を換えると「ギャンブル」です。勇気を持って挑戦することが積極的プレーという考え方から抜け出せない特徴があります。一見、根性のあるプレーに思えますが、私はこれを「やけくその根性」と呼んでいます。

自分の技術を判断することができない「停滞ゴルファー」は成功の確率が極めて低い1打に成功のみを信じて挑戦する特徴があります。この感情的プレーをポジティブと勘違いする特徴があります。「上級ゴルファー」が観察すると、この「停滞ゴルファー」のプレーは確率10％以下の結果に挑戦していると思えます。この判断能力こそが技術になりますが、「停滞ゴルファー」は理解しようとしません。理由は「上手くいく方法」のみを探してしまうことにありますが、「上級ゴルファー」は可能なことと不可能なことを判断する技術をもっていることを伝えたいと思います。

繰り返しになりますが、「絶対危険エリア」の現実的プレー基準は「100％に近く打たない地点」を意味します。絶対に打たないエリアを1箇所から決めることを習慣化してください。方法は「ライと風とレイアウトとスイング技術」から危険エリアを探します。

「右がOB、左が池」の場合

トップアマチームでのレッスン会後の座談会で、何回も出たエピソードを紹介しましょう。

「右がOBで、左が池」のレイアウト。このときの「絶対危険エリア」をどのように設定するのか？

「停滞ゴルファー」の思考回路は、「フェアウェイセンターに打つ方法」を知りたがります。一方、「上達ゴルファー」の考え方は「ドライバーで打つのなら左の池は覚悟して右のOBを避けよう」になります。

ところが、ここで議論が始まります。「停滞ゴルファー」は「池にも入れたくない」と質問が始まります。この解答は「池とOBの間にコントロール可能なクラブを使うべきである」となります。たとえPWを使ってでもです。すると「停滞ゴルファー」から「それでは距離が出ない」と意見が出ます。

おわかりでしょうか？　自分の技術レベルを測れないためにピンポイントに打つ方法のみに走

ることが「停滞ゴルファー」の特徴なのです。

ＯＢで失うスコアは2打で、池は1打です。池とＯＢの選択では池を覚悟することがスコアアップにつながりますが、このことを理解できるゴルファーは少ないと感じます。

両方を避けるのなら、コントロール可能なクラブを使うことがベストな方法になります。つまり、「池は1打、ＯＢは2打の損失、ならばアイアンで距離が出なくてもフェアウェイに打つ」ことがストロークの損失なしということです。

また、「停滞ゴルファー」の別の意見を紹介します。

「ドライバーでは危険だと思い、アイアンでティショットしました。結果、ＯＢを打ちました」

この意見は「どうせＯＢになるなら、ドライバーで打ったほうがよいのでは？」というものです。この見解を多くのゴルファーから聞きますが、判断基準は「平均ストローク」になります。1回の結果ではなく、確率と平均ストロークになります。

2種類のゴルファーを比べてください。

Ａ「どうせＯＢなら毎回ドライバーで打ちたい」

結果、毎回ＯＢを繰り返します。

Ｂ「アイアンも精度はよくないけれども、ドライバーよりはコントロールできるからアイアンで打とう」

結果、OBになったりセーフになったりを経験して、平均値がよくなることを理解します。打ちたい地点と打ってはいけない地点の両方を検討することが、よいプレーの絶対条件になることをしっかりと理解してください。

「停滞ゴルファー」の大きな特徴は、パー4とパー5でのティショットをドライバー以外で打つ習慣がまったくないことです。練習量や経験値が低いために3番ウッドを持ったとしても精度が低い特徴があり、ドライバーを選択するプレーになります。

●「危険エリアの判断」のまとめ

スコア的なリスクを減らすために、「絶対に打たない地点」を1カ所決めます。レベルアップしてきたら2カ所にしても構いませんが、自分の技術レベルを測りながら検討してください。まずは1カ所に専念することが重要なことを伝えます。すべてのショット、アプローチ、パットでも考える必要があります。

●「状況判断」3項目のまとめ

今から打つ1打のために最初にすべきことが、「状況判断」3項目です。

ボールが止まっている地点の「ライ」「風」「危険エリア」を観察する習慣が「上達ゴルファー」へのスタートになります。結果が出なくても毎ショット習慣にしてください。

「ロジカルゴルフ」でのコースレッスンのスタート課題は「状況判断」になります。理由は今のボールの止まっている状況（ティショットではティアップの状態）から、自分の技術を使ってどこにボールを打てるか、を決めるためです。

技術的に可能なこと、不可能なことを判断する材料が「状況判断」になります。次の項目「結果設定」をすることに、欠かせない項目になります。

第3章

1ストローク打つための「結果設定」

この章では、目の前の1ストロークを打つための
「状況判断」を下した後、
「結果設定」を行うための事柄を説明します。

「状況判断」をした後にすることは「結果設定」です。

「上達ゴルファー」は「結果設定」にこだわります。対して「停滞ゴルファー」は「結果設定」をしない、もしくは希望的結果を望む特徴があります。

「結果設定」自体が、重要な技術になることを最初に伝えておきます。

ロジカルゴルフ　実戦ノート14

「結果設定」＝「状況判断」と「自分の技術」を判断して、現実的にボールが止まる地点を決める

1「球筋の想定」

「結果設定」をするときに同時に決めることが「球筋の想定」です。

状況判断と今日の自分の技術からどのようなボールが打てるかを予測します。大きく分けるとフェード、もしくはドローの2種類になります。「上達ゴルファー」は状況判断とスイング技術か

らフェードかドローかを選択しますが、「停滞ゴルファー」の意見は違います。「停滞ゴルファー」は「私は上手くないから球筋を決めることができない」と意見します。「状況判断」のときと同様の意見です。結論は考え方に戻ります。「できないからやらない」と考えることが「停滞トラック」から抜け出せない大きな原因になるのです。そして、決めた球筋にならないから「ストレート狙い」という特徴も現実に多く見られます。

「停滞ゴルファー」は1回挑戦して100点の結果が出ないと、「自分は下手」と考えます。自転車に乗る練習のときに、何回も転びながらもくじけずに乗れるようになった事実を忘れています。わからないからできないと考え、勉強しようとしません。これでは生涯、「停滞トラック」から抜け出すことは不可能といえます。

私は「フェードかドローを100%の成功確率で決めてください」とは言っていません。ただ、予測することが不可欠だと伝えています。つまり上手くいかなくても予測して決める習慣が、「上達ゴルファー」への道だということに気づいて欲しいのです。

「上達ゴルファー」は何回もトライして失敗しながら技術を体得していきますが、100%になる日が来ないことも十分理解しています。

ロジカルゴルフ　実戦ノート15

球筋＝状況＋スイングで決定される

スイング技術以外、つまり、風と傾斜といった状況により出やすいボールを教えましょう。

風
①右からはドロー。
②左からはフェード。
傾斜
①つま先上がりはドロー。
②つま先下がりはフェード。

すべての状況は書きませんが、これにスイング技術を合わせて、フェードかドローを予測することがよい結果につながります。予測することから練習して、技術が高まってきたらスイング技術でもフェードとドローを打てるようにするステップが「上達ゴルファー」への道です。

2「結果設定」

「結果設定」というとよい結果を決めることと勘違いしますが、それは間違いです。「結果設定」とは「ボールが止まる地点」です。

「上達ゴルファー」の特徴は「実際に可能なエリアより広く設定する」ことです。球筋やコースの状況を考えて、どこにボールを止められるかを決めます。現実的可能領域を判断することで、実際にプレーしたボールがその範囲内に止まることが多くなります。

プレー技術とはシンプルに定義するとこの内容につきます。

ロジカルゴルフ　実戦ノート16
プレー技術＝結果設定以内にボールを止める技術

「上達ゴルファー」は現実には打ちたくない地点でも、「結果設定」内に入れることができます。

具体的には次のようなことです。

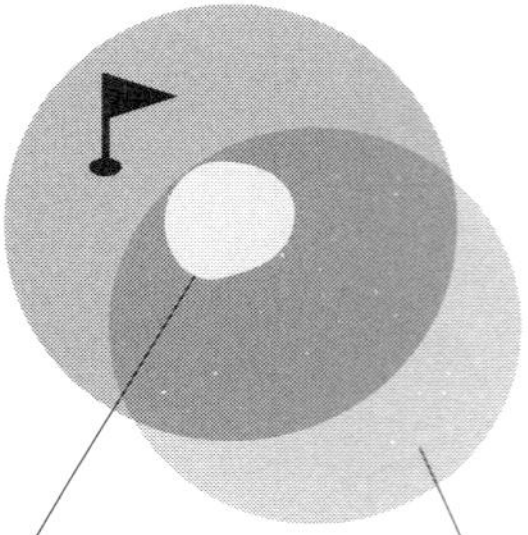

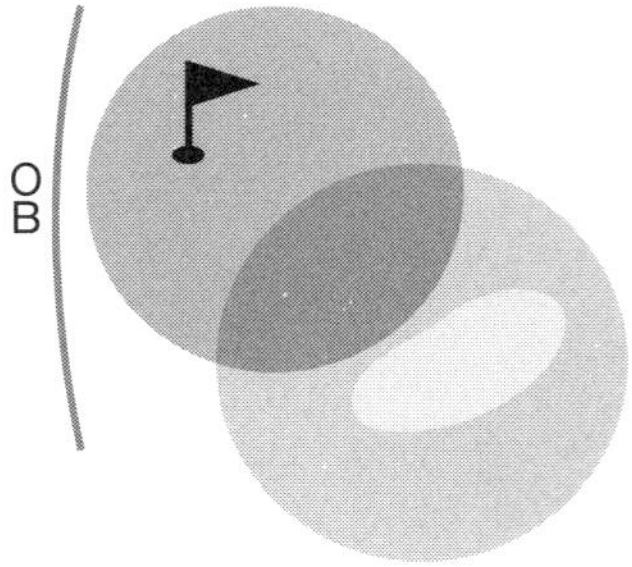

「あのバンカーはしょうがない」「グリーン手前のエッジはＯＫ」「ティショットならば右ラフはＯＫ」「ロングパットならプロサイド50㎝以内」などです。

対して「停滞ゴルファー」の特徴です。「結果設定」はしない、「結果設定」は好きではないと、理想的結果のみを望み、現実的ではありません。ピンポイント狙いをする特徴があります。

設定しない理由は以下です。

「設定しても、その結果にならないから」「自分の技術が判断できないから」「狙った地点に打つ方法を探しているから必要ない」というものです。

このような理由で現実的「結果設定」をしないのです。ラウンドレッスンで、私は生徒たちに「右のバンカーは仕方ないと思って打ってください」と言います。これが「結果設定」です。狭い状況やよい結果を得ることが難しいときなどは、この「仕方ないエリア」を決めることが重要な技術になることを再度、伝えます。

「結果設定」のイメージです。

今、ボールがある状態から10球スイングします。その「散らばり」を確認してください。

1球はピンそば、1球はバンカーかもしれません。「結果設定」の技術はこの10球すべてを想定して、平均ストロークがよくなるように、「ボールの停止ポイント」を決めることになります。

ベストの結果は皆、よいに決まっています。自分の技術の平均値を知ることがとても重要になります。毎回伝えていますが、「上手くいく方法を知ろうとするのではなく、何ができるか?」を判断することが、ゴルフの重要な技術になります。

当然のことですが、スイング技術が高いゴルファーは「結果設定」領域を狭くすることが可能ですが、大切なことは自分の技術での「結果設定」を決められることです。スイング技術が低い人は当然、「結果設計」領域は広くなりますが、それができることが重要で、それが「結果設定」技術となります。

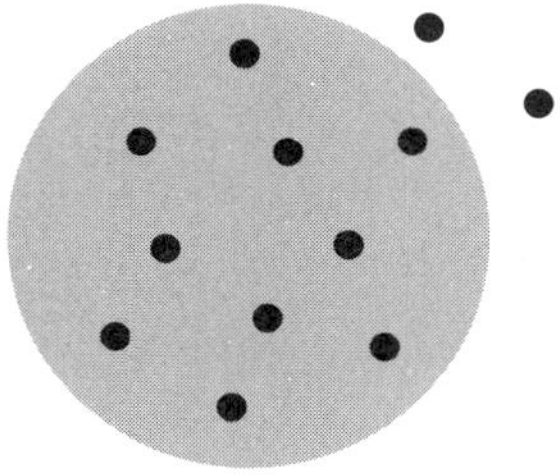
結果設定イメージ

●「結果設定」項目のまとめ

「状況判断」と自分の「可能技術」を判断し、フェードかドローの球筋を予測、または作り出したボールが止まるポジションをエリアで決めます。状況と技術から可能と思われるエリアをより広く設定することがリスクを減らすことにつながります。

ロジカルゴルフ　実戦ノート17

「結果設定」＝現実の結果になることが「上級ゴルファー」への道。設定がなくてよい結果はラッキーであるだけ！

第4章

1ストローク打つための「戦略(すべきこと)」

状況を判断して、結果を設定したら、
その結果になるように、すべきことを行います。
それが「戦略」です。
具体的に説明していきます。

「状況判断」から球筋を想定して「結果設定」をします。

その「結果設定」を行った結果になるように「戦略」を決めます。

つまり、「戦略」とは、「結果設定」した「結果」になるように、「すべきこと」を行うということです。

この「戦略」を持ってプレーするかどうかが、「停滞ゴルファー」と「上達ゴルファー」の思考技術最大の違いといえます。

「停滞ゴルファー」は、狙ったところに打てるスイングに興味があるため、戦略が甘くなります。よくない結果の原因は、「上手く打てなかったから」だけとなります。

一方、「上達ゴルファー」は、狙ったところには打てないからこそ戦略を大切にし、そしてこだわります。

「上級ゴルファー」はこの思考技術を理解していて、ここがゴルフの楽しさにもなっています。

ロジカルゴルフ　実戦ノート18

戦略＝実際にボールを打つ自分を監督的立場で感情を含めて管理する技術

アプローチでパターを使うか、サンドウェッジを使うのか？　その選択は「監督的な自分自身」です。素晴らしい経営者に「上級ゴルファー」が多い理由はここにあると確信しています。

当然のことですが、「状況判断」と「結果設定」なくして「戦略」はあり得ません。レッスン会では「戦略」を「すること設定」と伝えています。項目は5項目です。

「上級ゴルファー」はアドレスに入る前に、この5項目を明確に決めます。対して「停滞ゴルファー」は結果には興味がありますが、「すべきこと」へのこだわりが弱い特徴があります。「すべきこと」は結果を作るうえで絶対に決めなければならない項目になります。

レッスン会の講習では「状況判断」のときと同じように、「私はそのレベルではない」と発言する人が多くいます。または「きちんと打てるようになってから勉強する」といった発言もあります。「状況判断」は「状況判断」をする習慣が先にあって、判断レベルが少しずつ高くなっていきます。「戦略」も同様で、「戦略」を決めることが先にあってこそ、よい結果につながるように修正していくことができます。これが「停滞トラック」から脱出できることになり、レベルアップすることにつながります。

「停滞ゴルファー」が「すべきこと」を勉強しない理由を述べてみます。

①狙ったところに打てる方法がわかればすべて解決と考える

②面倒くさい
③数回試したが結果は変わらない
などです。

「すべきこと」を毎回、決めること自体が技術になります。この経験値を高めて修正しながらレベルアップすることが、上達への唯一の道になります。

レッスン情報でよく見かける内容は、この「すべきこと」をそれぞれのプロが各自の方法で解説しているに過ぎません。「バンカーショットは〜に注意してスイングする」「左足下がりは〜に注意してスイングする」などです。

「停滞ゴルファー」が求める結果は常に100点の魔法の方法です。対して「上達ゴルファー」は「結果設定」を変化させます。難しい状況ならば広く、やさしい状況なら狭くします。調子が悪ければ広く、調子がよければ狭くします。

「結果設定」のエリアにボールを止めるために、「すべきこと」を決めるのが「上級ゴルファー」への道になります。

ロジカルゴルフ 実戦ノート19

「結果設定」＝「すること設定」5項目＝結果

「停滞ゴルファー」の興味は「ボールを上手く打つこと」と「狙った地点に打つ方法」です。この思考回路から抜け出すことがレベルアップのスタートになります。

「上達ゴルファー」は「すべきこと」にこだわる習慣が身についています。「すべきこと」を明確にしなければ、結果が出ないことを理解しています。トッププロでも優勝争いでの場面などでは、「すべきこと」の設定が弱くなり、よくない結果につながってしまうことを多く見てきました。

それでは1ストロークを打つための「戦略（すべきこと）」を勉強していきましょう。

1「必要感覚距離」

「必要感覚距離」とは私の造語です。

これは現実の距離ではなく、ゴルファーが今から打つ1打において必要だと感じる感覚的距離感です。

例を挙げましょう。

ショットの場合、ピンまで現実には120ヤードだったとします。風はアゲンスト。当然、距離は出ませんから「必要感覚距離」は長くなり「130ヤードのショットを打とう」となります。逆のパターンとして「150ヤードの打ち下ろしだから135ヤードで打とう」というものがあります。実際には自分が決めたファーストバウンドの距離までを設定します。

「結果設定」によって、その設定距離は変化します。ラフからなどはグリーンの手前にキャリー、ランが出たらオンすると考え、このようなときはピンまで140ヤードだったとしても設定キャリーは125ヤードにしたりします。パットでは5mの上りだからプラス1mで「6メートル打とう」、下りならば「3・5m打とう」などが「必要感覚距離」になります。

次に「停滞ゴルファー」の距離感の決め方を解説します。

最も多い傾向はコースが用意しているヤード杭を頼りにします。状況を判断しない傾向が強く、特に風を考慮せずに、ヤード杭のみで距離を決める傾向が強いと感じます。

「停滞ゴルファー」の特徴は「必要感覚距離」を短く判断する傾向があります。つまり、「結果設定」

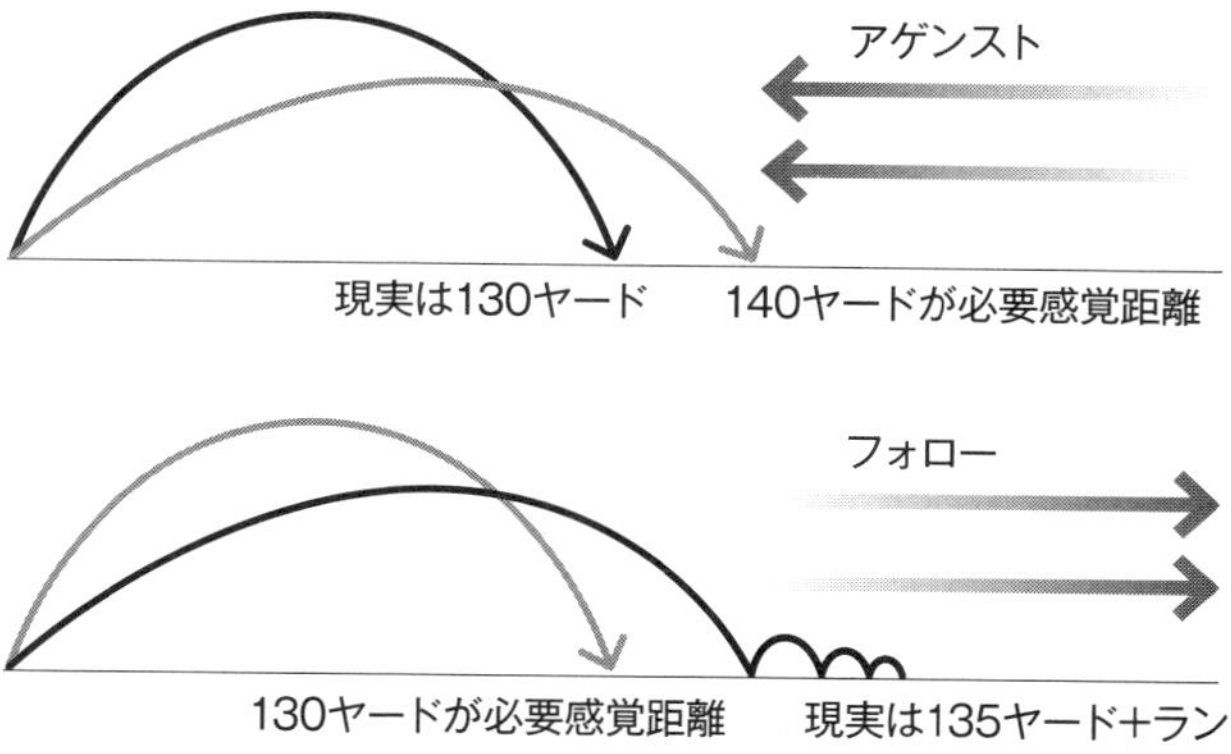

したエリアまで届かない状態になりやすい。ショートするもう１つの理由は自分の飛距離を過信していることが挙げられます。私が見て１４０ヤードを7番アイアンだなと判断しても、本人はもっと飛ぶはずと思い込んでいるわけです。そう思いたい願望のためにショットでは常にショートを繰り返します。そして、「今のショットは当たらなかったから届かなかった、飛ばなかった」と判断します。

自分の距離を的確に理解し、状況から実際の距離感にプラス、マイナスの修正を加え、感覚的に打たなければならない距離感を決めることが、「戦略」のスタートになります。

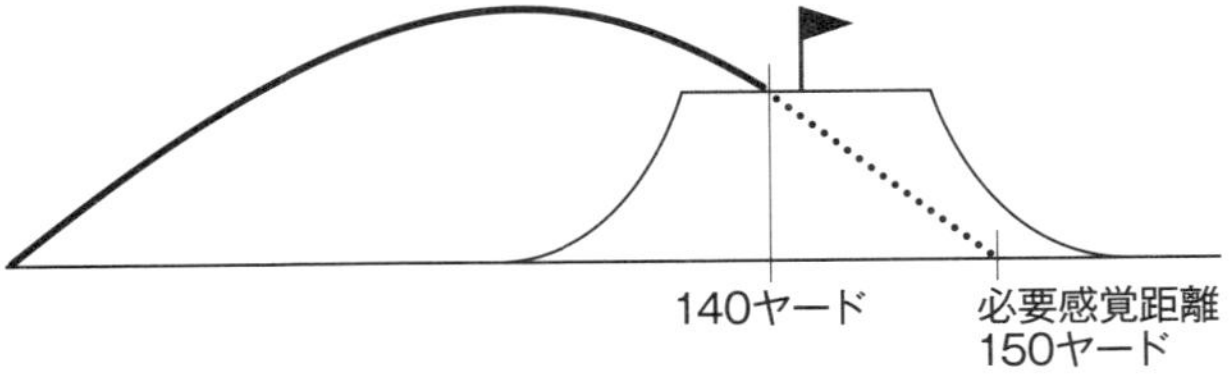

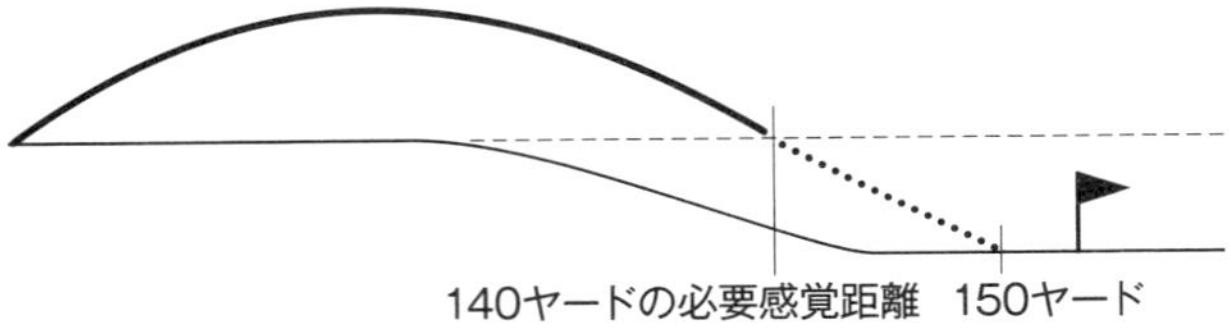

「必要感覚距離」を決める状況的傾向

風に関しての傾向です。

①アゲンスト＝キャリーが減るのでプラスの設定が必要

②フォロー＝キャリー＋ランが出やすいのでマイナス設定が必要

風は設定距離に大きな影響があります。ショートアイアンなどの高いボールとなるクラブでは特に影響度が大きくなります。

アップダウンのレイアウトに関しての傾向です。

①打ち上げ＝キャリーが減るのでプラスの設定が必要

②打ち下ろし＝キャリーが出るのでマイナス設定が必要

高いボールになるショートアイアンよりも、低いボールになるロングクラブのほうが影響度は高くなります。

ライに関しての傾向です。

①左足上がり＝番手より高いボールになりやすいのでプラスの設定が必要
②左足下がり＝番手より低いボールになりやすいのでマイナスの設定が必要
長い番手の左足下がりではより低いボールになります。その番手を使えるかを再確認してください（第2章で説明済み）。

●「必要感覚距離」のまとめ

現実の距離に風やレイアウトの状況、「結果設定」などを加え、感覚的に打つ距離を決めること。

2「球筋の選択」

「必要感覚距離」を決めるとともに、球筋を決める必要があります。「結果設定」の項目で想定している球筋を決定します。

球筋は大きく分けてフェードかドローの2種類になります。

「停滞ゴルファー」が考えることは「フェードかドローなんて打ち分けられない、だからストレート！」。この考え方は練習にも表れます。ショット練習するときの目的を聞くと「ナイスショットで飛距離が出て、ストレートボールを打つこと」と答えます。

「上級ゴルファー」の考え方は違います。「ストレートボールは理想であって現実的ではない。曲がるボールのほうが現実的でコースを広く使える」と、曲がるボールを練習します。

この考え方の違いが「停滞ゴルファー」が「停滞トラック」を走り続ける理由でもあります。

プロのトーナメントを観戦するときに、この項目を意識して観戦することを勧めます。ツアープロがフェードで打ったのか、ドローで打ったのかをよく見てください。そして、どんな意図でその球筋を選択したのかを考えてみてください。そうするうちに「上級ゴルファー」の「思考技術」が理解できるようになります。

ロジカルゴルフ　実戦ノート20

コースで打つボール＝フェードかドローのみでストレートボール狙いはNG

2種類の球筋の定義です。

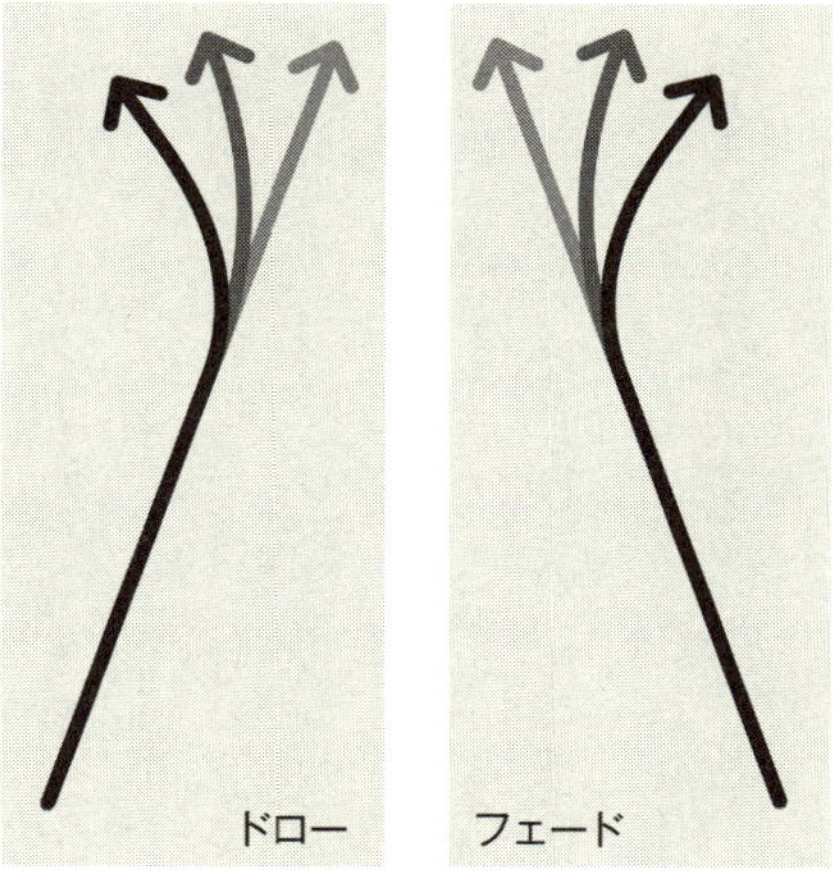

①フェード＝プッシュ防止＋フック防止
②ドロー＝プル防止＋スライス防止
③フェード＝想定内のスライスボール
④ドロー＝想定内のフックボール

右記の4項目の中から選択する習慣が、現実的によいプレーにつながります。

プッシュ＆プルは「発射ライン」になります。スライス＆フックは「曲がり」を意味します。この組み合わせをスイング部品の調合によって作り出すことがスイング技術になります（前作『ロジカルゴルフ　スコアアップの方程式』に詳しく解説）。

次に想定内とは「大きく曲がる、または小さく曲がる」ということで、これを予測してボールを「結果設定」内に止めた場合をいいます。「結果設定」内なのですから、曲がりが大きくてもフェード＆ドローと考えていいわけです。

18歳時の私は30ヤード曲がるスライスボールが持ち球でした。このため、大きく曲がることを想定してティアップのポジションや発射ラインをコントロールしながらフェアウェイにティショットを止めた事実を思い出します。

現実的な内容に入りましょう。球筋をどのようにして決めたらよいのでしょうか？

自分の通常スイングではどちらのボールになるか？　フェード系かドロー系か？

今までストレート狙いをしていたゴルファーはここからがスタートになります。7番アイアンで通常のスイングをしたら、どちらのボールになるかを確認してください。ドライバーでも同じです。この段階で「ストレートボール」になる人はいないと思います。

大切なことは確率論です。10球打ってどうなるか、20球打ったらどちらのボールが多くなるかです。つまり、スイングマネジメントを最小限にしたときに出るボールを、確率を含めて確認することが大切です。そのときに出るボールが「持ち球」ということになります。

練習では理想を求めてよいと思いますが、実際のプレーでは「偉大なるリアリスト」になる必要があります。つまり自分の可能領域を理解することが重要な要素になります。

「風とライをプラスする」

実際のプレーでは持ち球を確認した後に風の影響をプラスします。
①右からの風ならばスライス防止になりやすい（フックになりやすい）
②左からの風ならばフックになりにくい（スライスになりやすい）
③フォローは曲がりが少なくなりやすい（曲がりにくい）
④アゲンストは曲がりが大きくなりやすい（曲がりが増幅されやすい）
さらにライの影響をプラスします。
⑤つま先上がりはフックになりやすい（スライスになりにくい）
⑥つま先下がりはスライスになりやすい（フックになりにくい）
左下がり&左上がりは左右の曲がりに関しては影響度が小さいと考えますが、個人的に左下がりはスライスになりやすく、左上がりはフックになりやすい場合はその傾向をプラスしてください。

風の強さと斜面の強さによって、当然、曲がりは小さくなったり大きくなったりすることを確認してください。自分の球筋に、この状況をプラスして、出やすい結果を組み合わせます。その結果、フェードになるのか、ドローになるのかを予測します。

使用クラブでも影響度は変化します。風はショートアイアンのほうが大きく影響します。

例を挙げましょう。ドライバーで持ち球は大きく曲がるスライス（フェード）で、風は右から強く吹いています。この場合は曲がりが小さくなる予測をします。

9番アイアンで持ち球はドローで、風は右からアゲンスト。この場合は曲がりが増幅されますから、いつもより曲がる予測で発射ラインを右に取ります。

以上のように持ち球と状況を組み合わせて、フェードかドローのどちらかを選択する習慣がレベルアップにつながります。

「自分の球筋＋風＋ライ」を読むことを習慣にしながら、曲がり幅を意識したプレーを続けることによって、皆さんの左右のコントロールレベルは少しずつ高まることを伝えたいです。

ロジカルゴルフ　実戦ノート21

現実に出るボール＝自分の球筋＋風＋ライ

「球筋を作る」

最後の項目は球筋を作り出すことです。

「停滞ゴルファー」にフェードかドローかの選択のアドバイスをすると、打ち分けることと判断しますが、それは最終技術で永遠のテーマになります。

完成したと思っても、次のショットでは失敗します。スイングは生き物であるということを伝えたいです。スイング練習の重要な課題は、すべてのクラブでフェードとドローを打ち分けることだと思ってください。球筋の定義にあるプッシュ防止、プル防止、スライス防止、フック防止をスイング部品を使って行い、複数のスイング部品調合でフェードとドローを作り出します。

あるスイング部品でプッシュ防止を作り出し、別の部品でフック防止を作り出せばフェードになる可能性が生まれます。また、あるスイング部品でプル防止を作り出し、別の部品でスライス防止を作り出せばドローになる可能性が生まれます。確率を高めるためにスイング部品の調合を練習しながら覚えます。クラブによっても部品の調合は変化することを理解してください（いずれも前作『ロジカルゴルフ　スコアアップの方程式』に詳しく解説）。

以上の3項目を組み合わせることによってフェードになるか、ドローになるかを選択し決定します。

ロジカルゴルフ　実戦ノート22
現実に出るボール＝スイング技術＋風＋ライ

●「球筋の選択」のまとめ

自分の球筋を確認して、それをベースに風とライによる影響を加え、現実に出るボールを予測し、そのボールでプレーすることを考えます。

持ち球でプレーする習慣ができてから、フェードかドローの打ち分けを練習します。

3「クラブ選択」

「戦略」の3項目目は「クラブ選択」になります。ショットに関しては「状況判断」から始まる事柄をしっかりとクリアしていればシンプルになります。

「必要感覚距離」を決め、球筋が決まれば、基本的には機械的に使用クラブが選択されます。1

30ヤードでフェードならば何番、150ヤードでドローならば何番、という感じです。これを機械的に行うためには自分自身の正確な飛距離を自覚する必要があります。使用クラブを決める順番は、ライが優先で距離が後であることを再度確認します。

ロジカルゴルフ　実戦ノート23

飛距離＝キャリー＋ラン
クラブ選択＝「必要感覚距離」＋球筋

ロングショットの場合、ゴルファーがコントロールできる距離は基本的にはキャリーのみだと考えてください。ランをコントロールすることは高等技術になります。なぜなら、ランは状況で決まる要素が多くなるからです。

地面が硬ければランが出るし、グリーンが柔らかければ止まりやすい。打ち上げは止まりやすく、雨の日はランが少ない。フォローはランが出るなど、ランは状況によって変化することを理解してください（詳しくは第2章で再確認してください）。

そこで、自分の飛距離はキャリーで確認することが必要ですが、「停滞ゴルファー」の特徴はランを含めた飛距離で「クラブ選択」をする傾向があることです。

その結果、バンカーや池に入れてしまうケースが多々あります。感情的に「自分はもっと飛ぶはずだ」と過信しているわけで、しっかりと現実を見つめ、キャリーの飛距離を確認してください。

距離が出る、出ないということは関係ありません。飛距離はゴルファーの楽しみであり、夢でありますが、よいプレーをするうえで見栄は大敵です。バンカーや池越えなどでは、60点のショットでクリアできる自分の距離を確認することが、障害をクリアすることにつながるのです。

次に中途半端な距離に関しての項目になります。

例えば、140ヤードで持ち球がドローだから7番アイアン。150ヤードで持ち球がドローだから6番アイアンだとして、145ヤードでドローのときのクラブ選択はどうなるのでしょう。

基本的には届くクラブで「飛ばさない」選択をするほうがよい結果になることが多くなると感じます。理由はアマチュアの場合、ショートしてスコアを落とすケースが多いことを見てきたからです。迷ったときは大きいクラブを選択をすることを実験してください。

高等技術になることを前提に伝えます。これは、フェードかドローの打ち分けが利く場合のみ可能になります。

例えば7番アイアンのフェードで140ヤード、ドローなら145ヤード。5番アイアンのドローで165ヤード、フェードで160ヤードだとします。スイングによっても差がありますが、フェードのほうがドローより少し飛ばない、逆にドローはフェードより少し飛びます。

つまり、この打ち分けによって、中途半端な飛距離に対応するわけですが、この技術を必要とするレベルは少なくとも70台でのプレーであることを伝えます。80台でプレーしたいのであれば必要ありませんので、「自分の球筋＋飛距離」で「クラブ選択」をして結果設定を広くするプレーを心がけてください。平均スコアが85のレベルに達したら、上記の内容を練習することで70台を狙って欲しいと思います。

アプローチに関しての「クラブ選択」です。「停滞ゴルファー」は基本的に52度のアプローチウェッジか58度のサンドウェッジの1本だけを使い、ボールを上げることを考えます。一方、「上級ゴルファー」はいろいろなクラブで転がしたり上げたりと様々なバリエーションのアプローチを考えます。

私がアプローチで使うクラブは8番アイアンと9番アイアン、ピッチングウェッジと52度のアプローウェッジと58度のサンドウェッジ、そしてパターの6本です。この6本から平均的結果、最悪の結果、最高の結果を考えながら、平均的結果を優先して使うクラブを選択します。
芝が薄い冬などはパターを優先してクラブ選びを検討します。パターでは無理と決めれば8番アイアンから上げていき、ピッチングウェッジまでで決めていきます。サンドウェッジを使う場合はライの判断が重要になります。つまり、「使いたいクラブ」ではなく、「使えるクラブ」を選択します。

ロジカルゴルフ 実戦ノート24

使用クラブ=使いたいクラブではない

特にアプローチは使いたいクラブと使えるクラブが違う状況が多くありますので、ライと技術を判断して、「使えるクラブ」から選択するように注意してください。

●「クラブ選択」のまとめ

使用クラブの優先順位はライを優先で距離は後です。

必要感覚距離と球筋から機械的に使用クラブを選択します。
2本のクラブで迷ったときは長いクラブで飛ばさないスイング技術の選択を実験します。
アプローチでは使えるクラブと使いたいクラブは違うことを理解します。

4「スイングマネジメント」を行う

球筋とクラブが決まったらスイングの注意ポイントを決めます。これはアドレスを含めたスイングの注意ポイントだと考えてください。

「停滞ゴルファー」の考え方は「100点のスイングを完成させれば、万能に機能する」ですが、現実のプレーではそのようなことはありません。コースでのスイング技術とは状況の変化に対応する技術になります。

練習場では決められた条件のみでボールを打ちますが、コースでは違います。ライへの対応、レイアウトへの対応など、多くの条件が違います。その違いに対してアドレスを変化させたり、スイングの注意ポイントを決めたり、強調ポイントを決めながら変化に対応します。

練習場で打ててコースで打てない「停滞ゴルファー」の考え方は「練習場で打てるのだから、コースでも打てるはずだ」です。私は右記の理由でそのようには思いません。「上達ゴルファー」はその意味を理解しています。

「ロジカルゴルフ」の技術のレベルを確認しましょう。

ステップ１　理解できた
ステップ２　練習場で打てた
ステップ３　コースで打てた
ステップ４　競技で打てた
ステップ５　緊張下で打てた

ステップ2とステップ3の間には高いハードルがあることを知ってください。ライへの対応を例に挙げましょう。

練習場は常に同じ平らな状態です。コースでこの状態に一番近い状態はティショットになります。このことからライ的にはドライバーならばコースで打てる生徒が多いと感じます。

ではティアップできないセカンド以降を考えましょう。平らなライはほとんど存在しません。つま先下がりの7番アイアンで皆さんはどのような注意を払ってスイングしているでしょうか？

私の方法はアドレスを低く構え、その低さをキープしながらスイングする。フォローまで左膝を曲げたままスイングする。筋力的にはかなり苦しい状態になります。平らなライのときと比べてアドレスからフォローまで体の苦しさが練習場とは比べものになりません。このライが苦手な生徒を多く見てきました。

「停滞ゴルファー」はアドレスを低く構えられない傾向があります。理由は体の苦しさに耐えられないことが挙げられます。アドレスができたとしてもバックスイングで苦しさゆえに浮き上がり、ダウンスイングでは左膝を曲げたまま振れないといったことが起こります。

練習場では経験したことがない状態がコースでは毎回続きます。それに対応できなければナイスショットにはならないということになります。この毎回の変化に対応するために「スイングマネジメント」を考えなくてはいけません。

これは、練習場でのショット練習から習慣にする必要があります。

1ポイントからスタートして60点以上のボールを目指します。１００点が必要ではないことをしっかりと理解してください。

ロジカルゴルフ　実戦ノート25

練習場＝一定の状態＝コピーが働きやすい＝「スイングマネジメント」は一定コース＝ライが毎回変化する＝1球での対応力が必要＝「スイングマネジメント」は変化する

ライへの「スイングマネジメント」

「ロジカルゴルフ」で伝えている尾林式方法を紹介しますので、練習によって組み合わせと調合を体得して欲しいと思います。出やすいボールは「状況判断」のライで確認してください。ドローとフェード、クラブによっても強調ポイントなどは変化します。

「4種類の傾斜とラフ」です。

①つま先下がり

アドレスを低く、バックスイングで低さキープとダウンスイングで左膝を曲げたままフォローを低く取ります。

トップ防止部品を強調

②つま先上がり

クラブを短くグリップし、アドレスで前傾を少なく、ボールの位置は少し右に。ダウンスイングでクラブのトウダウン現象を注意しながら、右肩をキープしてスイングします（トップにインパクトする感覚）。

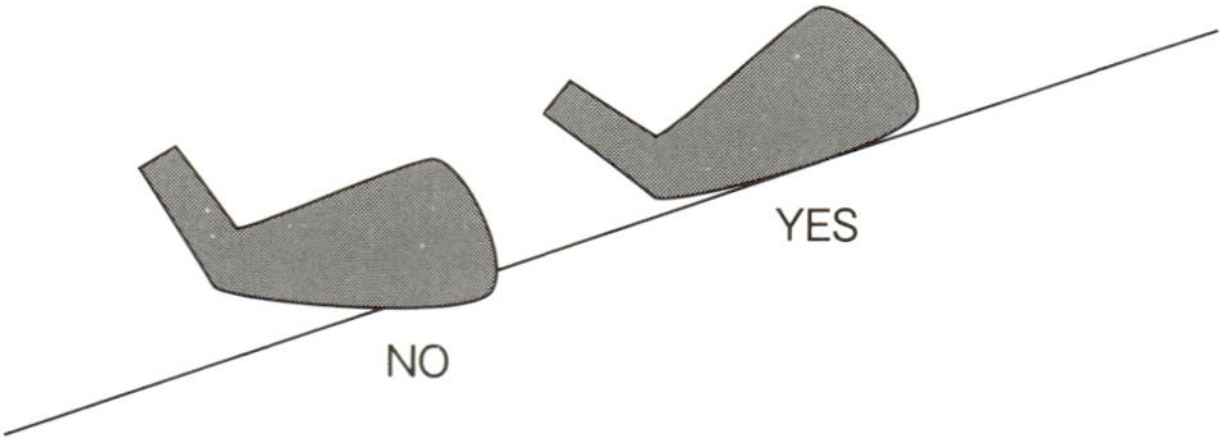

③左上がり

左膝体重で上半身は右（普通）のアドレス。バックスイングでコックと平らな地面を意識し、ダウンスイングもさらにコックしてスイングします（トップにインパクトする感覚）。

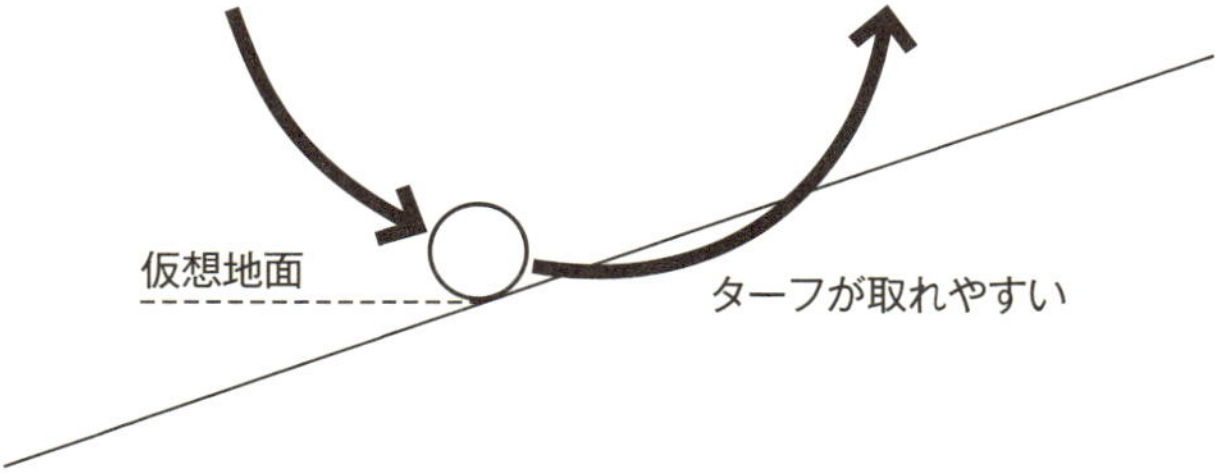

④左下がり

左膝体重と右膝を押し込んだアドレスで、上半身は右（普通）、ボールの位置は少し右にします。バックスイングでコックをし、ダウンスイングでさらにコックして左膝を曲げたままフォローを低くスイングします（低いボールになる感覚を持つ）。

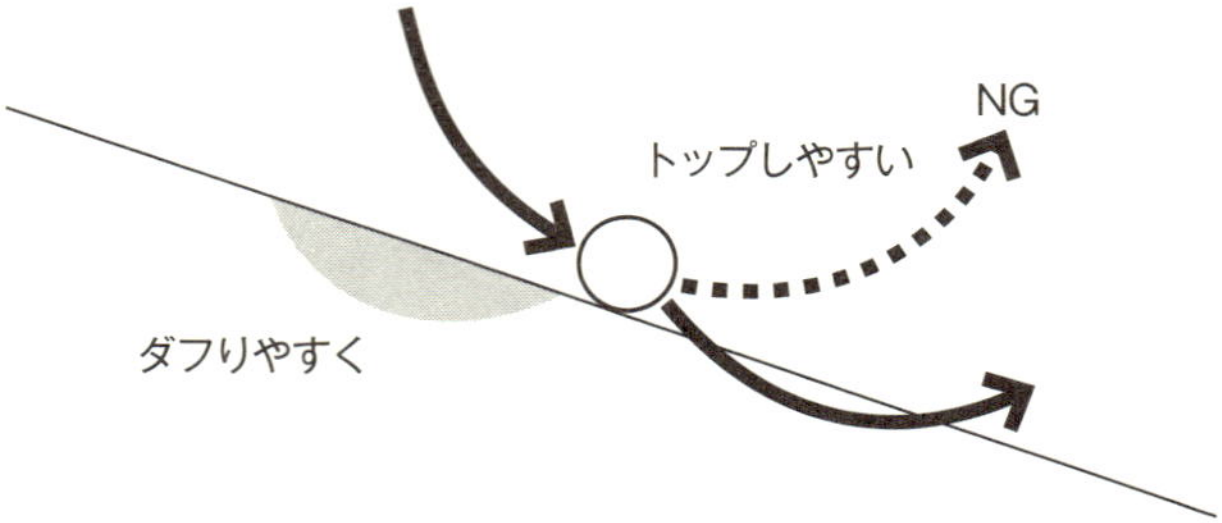

⑤ラフ
　クラブを短くグリップ。バックスイングでコックし、ダウンスイングはさらにコックするスイング。

　以上の方法ですが、方法論は人によって違ってきます。私の方法が絶対ということではなく、「4段ピラミッド」の尾林流設計図ということで理解してください。ライに対する「スイングマネジメント」を明確に持つことが「上級ゴルファー」

ボールはスタンスより高い
位置にあることが多い

の条件になりますので、前述した「4種類の傾斜とラフ」への基本的方法で自分のスタイルを作ることが練習の重要課題になります。

●「スイングマネジメント」のまとめ
毎回変化するコースの1打に対応するスイングの注意ポイントと調合をアドレス前に決めること。

5「ディレクション(打ち出しラインを決める)」

「戦略」の最終項目は「ディレクション」になります。「ディレクション」とはボールの発射ラインを決めることです。

「停滞ゴルファー」の特徴は、「ストレートボールをストレートに発射したい」と考えることにあります。しかし、これは現実的ではありません。ゴルフ技術はミスをコントロールすることにあるからです。

では、「上級ゴルファー」はどのように「ディレクション」を決めているのか?

その要素は球筋と「結果設定」になります。球筋と「結果設定」の両方を考えます。

球筋はフェードかドローです。2種類の球筋の曲がりの大きさを予測することからがスタートになります。そして曲がり方に許容範囲を設定します。

例えば、風が右から吹いていて7番アイアンでドローの球筋です。となれば、曲がりを少し大きく予測して、右エッジに発射する。これが「ディレクション」になります。このとき、曲がらなかったら右エッジからアプローチ。曲がったらピン右からバーディパットになります。この横コントロールに、縦の許容範囲を入れれば「結果設定」になります。

レベルの違いについて解説しましょう。私が世界一尊敬するジャック・ニクラウスの全盛期のことです。

5番アイアンでピンの左3mからフェード狙い。曲がってきたらベタピンのOKバーディ。曲がらなかったら左3mからバーディパット。このとき、ピンの右1mについてしまったとして、これによるバーディの結果は喜びますが、ショットは曲がり過ぎのミスと判断します。このことはパットをプロサイドに外すことと似ています。なぜなら、高速グリーンではアマサイドに外すと3パットになりやすいからです。

このプレーこそ時代が変わってもゴルフの理想的設計図だと確信しています。しかし、私はこのジャック・ニクラウスやトム・ワトソンのようには打てません。これを読んでいる通常アマチュアも同じでしょう。

では、どのようにすべきでしょうか?

結論は横の幅を広くすることです。つまり、発射ラインを膨らませることが大切です(その意味で、縦の幅を少なくすることが重要です)。

もしドローで狙うのなら最大の曲がりを考えて右に許容範囲を設定し、ピンの左にはボールを止めないこと。フェードで狙うならばその逆になります。

ロジカルゴルフ 実戦ノート26

狙った地点には打てないのがゴルフ=「結果設定」を広げることが重要で大切な技術

●「ディレクション」のまとめ

ディレクションは、実際に打つボールの曲がり幅で決まります。曲がるときと曲がらないときと幅を決め、すべての可能性を考えながら打ち出しラインを決めることが技術です。

「ディレクション」の基準

「ディレクション」はどのように決めればいいのでしょうか？　これはアドレス時のどこかに基準を作ることです。

私の基準は「両肩のライン」が基準になります。両肩を結んだラインとボールの発射ラインを平行に揃えることが基準になります。スタンスを基準にする人もいると思いますが、私の方法は「肩のライン」になります。

これが「ディレクション」に関して「4段ピラミッドの2段目」、「設計図」になります。皆さんもそれぞれの基準を持ってください。

発射ラインと両肩のラインを平行にする

ロジカルゴルフ　実戦ノート27

「ディレクション」＝基準をアドレスのどこかに作る

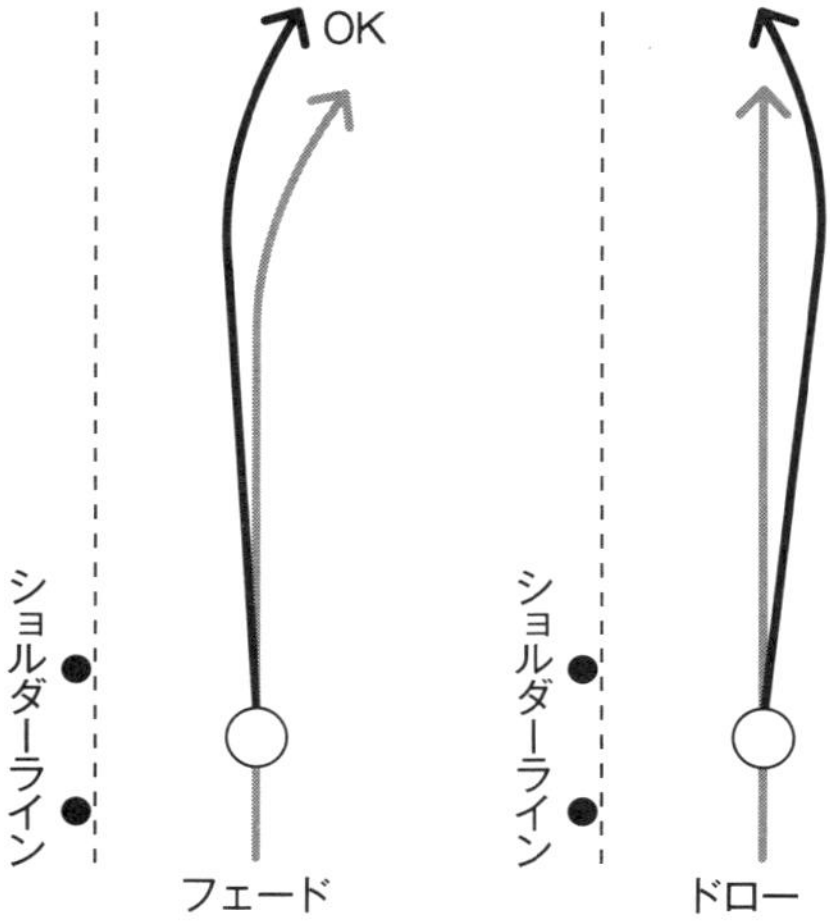

尾林式を紹介します。「設計図」となります。

ドローとフェード、ウッドクラブとアイアンクラブによって応用が必要になります。

①フェード＝プッシュ防止＋フック防止

②ドロー＝プル防止＋スライス防止

私の理想的な「設計図」は、アイアンのフェードでは両肩と平行に発射が理想になりますが、間違えるなら少しだけプルの方向（左）へ狂わすことが現実的なプレーにつながります。ドローのときは両肩の平行線よりも少しプッシュに発射します（これは重要です）。

ウッドクラブの場合はクラブ自体にラウンド（フェース面のカーブ）があります。フェードのときはフェースのセンターか少しヒール寄りでヒットするために平行より少しプルラインに発射されます。ドローのときはフェースのトウ側にヒットするためにプッシュラインの膨らみが大きくなります。ウッドクラブはアイアン以上にヒットポイントによって発射ラインに幅ができることを覚悟してください。

「ティアップ」のポジションに関して

「ディレクション」と一緒に考えなければならない項目が「ティアップポジション」になります。「上級ゴルファー」がこだわる重要テーマになります。「ティアップ」のポジションはどのように決めるべきでしょうか?
「停滞ゴルファー」はお決まりのセンターになります。「上達ゴルファー」はセンターのティアップはほとんどありません（そこがベストの場合のみ使用します）。

この意味を理解する必要があります。

確率を考えた効率的なポジションにティアップします。上手くいったときには90点以上のショットとなり、上手くいかなかったときにも60点のショットとなるポジションです。

そして、打ち出されたボールの最後が目標に対して直線的に向かうような「ティアップポジション」を探します。

ドライバーが主体のティショットでは、ドローかフェードで打ち出されてどちらかに必ず曲がります。曲がった後の最後の進行方向がフェアウェイのセンターになるように「ティポジション」を決めます。どのくらい曲がるかによって「ティポジション」は変化します。

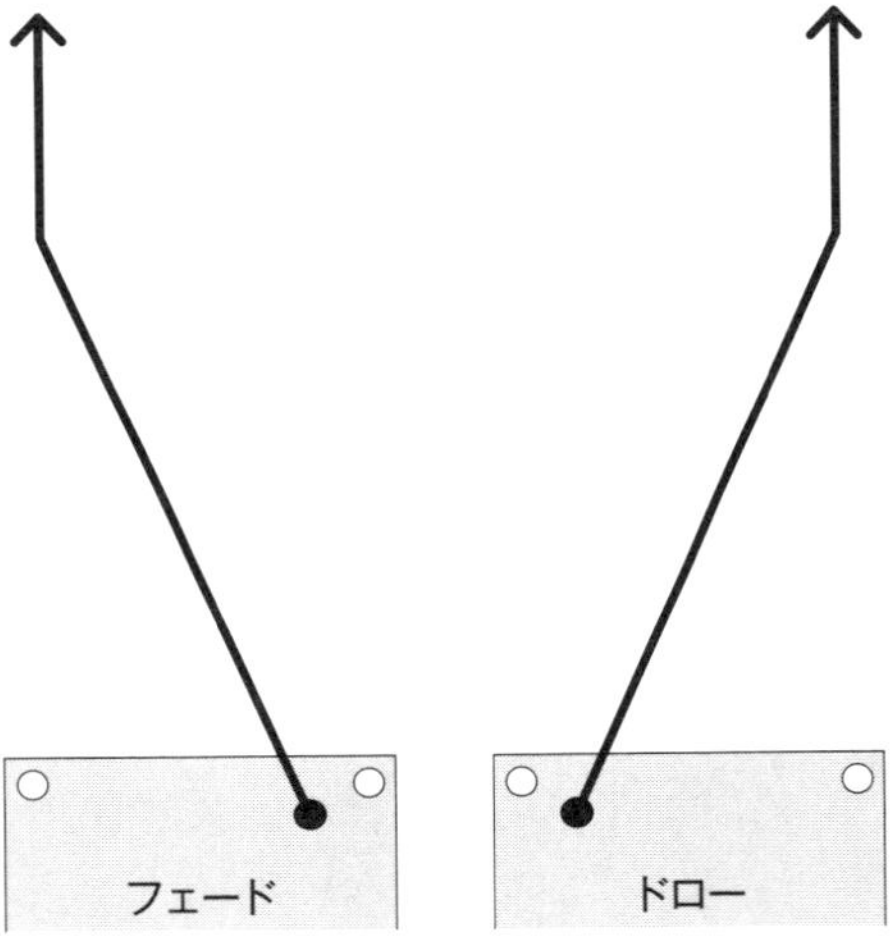

「ティポジション」の規則

球筋によって、「ティポジション」が決まります。

①曲がりが大きいフェード＝右サイド
②曲がりが小さいフェード＝少し右
③曲がりが大きいドロー＝左サイド
④曲がりが小さいドロー＝少し左

以上の4項目ですが、現実のプレーではティ自体が左にあったり右にあったりしますので、コースのレイアウトから最適なポジションを探せることが技術になります。

ラウンドレッスンをするときには私が生徒の球筋を考えて指定します。理由を解説しながら、ポジションを指定しながら生徒が理解するまで続けます。

「難しいティとは？」

実際のラウンドで、「ティポジション」を取りにくいことがあります。

例えば、フェード狙いしたいケースでコースのティが左ポジションの場合。その理由は打ち出したい左エリアが狭くなるからです。

その逆にドロー狙いしたいケースでコースのティが右ポジションにある場合。

その理由も打ち出したい右エリアが狭くなるからです。

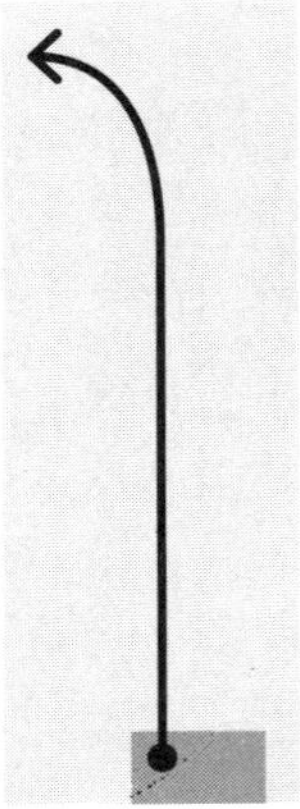

コースの右に
ティがあり
ドロー狙いのとき

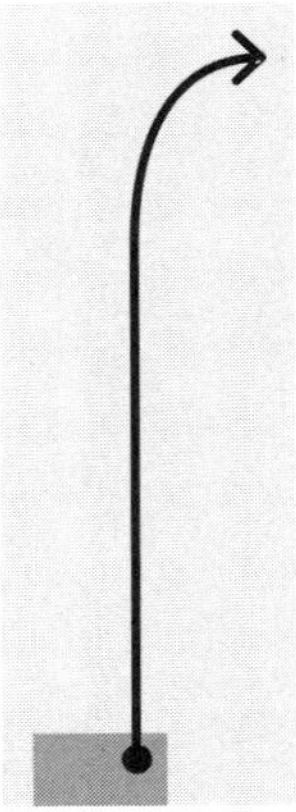

コースの左に
ティがあり
フェード狙いのとき

また「ティポジション」がフェード狙いしたいケースで右から風が吹いている場合。その逆に、ドロー狙いしたいケースの左からの風の場合です。これはどちらも逆に曲がる可能性があるので、「上級ゴルファー」が悩むケースになります。

状況とコースレイアウト、スイング技術のすべてを考えて、有効な「ティアップポジション」を取ることにこだわってください。

ロジカルゴルフ　実戦ノート28

「ティアップポジション」の基本＝ドロー狙いならば左、
フェード狙いなら右危険地帯を避け、
曲がり切った最終地点が目的地点になるようにティアップする

●「ティアップポジション」のまとめ

球筋と「結果設定」から発射ラインを決めます。

両肩のラインを基本にします（「ロジカルゴルフ」の設計図になります）。

「ティアップ」のポジションにこだわること（確率を含めた「ティアップ」のポジションを探すこと）。

●「戦略」のまとめ

「戦略」の5項目を決めるために「状況判断」と「結果設定」があります。自分が決めた「結果設定」を達成するために、どのようなことをすべきかが「戦略」になります。

次の実行力はこの「戦略」を実行する技術になります。つまり、「すべきこと」をアドレスの前に決めることが、「上達ゴルファー」への道になります。実行力は重要な技術ですが、この「戦略」こそが「停滞ゴルファー」の「停滞トラック」を抜け出すための「思考技術」になります。

何回も挑戦して、多くのミスを経験しながらレベルアップしていく自分を信じてください。今から打つ1打のための作戦がこの5項目になります。ゴルフ界で伝えられている「シンク・ボックス（思考の箱）」とは「戦略」の5項目を決めることだと理解してください。

ロジカルゴルフ　実戦ノート29

結果設定＝戦略の5項目になるように、すべきことを決める

第5章

1ストローク打つための「実行力(すること)」

この章では、目の前の1ストロークを打つために行った、
「状況判断」「結果設計」「戦略」に次ぐ、
実戦で行う「実行力」を説明します。

外部から見えるゴルフ技術が「実行力」になります。

今までの「状況判断」「結果設定」「戦略」はボールを打つ前の思考技術になります。対して「実行力」だけが実際にプレーする事柄になります。

ゴルファーが「あの人は上手い、あの人は上手くない」を判断する内容でもあります。ナイスショットすれば上手い、バーディを取れば上手いなど、はっきりと見える内容になります。

「状況判断」→「結果設定」→「戦略」の流れがあって、ボールを実際に打つことになりますので、「実行力」までの3項目がなければボールは打てないことになります。

「停滞ゴルファー」は、この流れを経由しないでボールを打つ特徴があります。毎回伝えているように「停滞ゴルファー」は「狙った地点に打てればすべて解決」の考え方から、「ピンポイントに打つ方法」に興味があることを認識してください。

一方、「上達ゴルファー」の考え方は、「ゴルフは狙った地点には打てない」というもので、だからこそ「思考技術」が必要になります。

ゴルフですることは今から伝える3項目だけですが、その裏に隠れている「思考技術」を含めて技術だということを確認していって欲しいと思います。

では、「実行力」の3項目に入りたいと思います。これは「戦略で決めたことを実際に実行する技術」になります。

ロジカルゴルフ 実戦ノート30
「状況判断」→「結果設定」→「戦略」＝「実行力」

1「素振り」と「ルーティン」

「素振り」を含めたアドレスまでの手順が「ルーティン」になります。

「上達ゴルファー」はこの項目をとても大切に考えますが、「停滞ゴルファー」は軽視する傾向があります。

ではなぜ、「ルーティン」が大切なのかを検討します。

第一の理由は「緊張した場面で普段と同じようにスイングするため」です。

皆さんのよく知っている日本を代表するメジャーリーガーの2人を思い出してください。

最初にイチロー選手の例を挙げます。投手に向かって毎回、独自のスタイルで構えることを思い出してください。いついかなるときでも「一定のスタイル」でピッチャーに向かうことが一流選手にとっては当然のことになります。

また、松井秀喜選手（2013年引退）は過去にTV番組の中で「ルーティン」についての質問を受けたときに次のように答えています。

「打席に入るときは必ず左足から入ります」と松井選手が言うと、あるゲストが「一度くらい右足から入ったことはありませんか？」と聞きました。すると、松井選手はきっぱりと「高校時代からありません」と即答したのです。

ゴルフは自分から動作を起こす特徴がありますので、「ルーティン」は大切な上達の条件になります。素振りの場所や回数などアドレスに入る手順、時間などのすべてで自分の型を作る必要があります。

「上達ゴルファー」は緊張すればするほど、この型を変えずにアドレスに入り、スイングします。そうすることによって、普段に近い感覚が生まれ、緊張によるミスを半減できることを知っているからです。

「停滞ゴルファー」は反対に自分の「ルーティン」の型を持っていません。実際のスイングをミスしなければ関係ないと考えている場合もあります。緊張した場面での特徴は「時間が長くなる」

「普段と違う動き方をする」などが挙げられます。

「ロジカルゴルフ」のレッスン会では「ルーティン」を「技術の箱」と位置づけています。「戦略」で決めた具体的な「スイングマネジメント」の内容をこの「箱」の中に入れます。つまり「箱」がなければ技術は入れられないということです。

実際のプレーでは、アドレスに入る前の「素振り」にスイングの注意ポイントを軽く入れて感覚確認します（1ポイント以上）。その感覚が消えない間にアドレスに入ることが、ナイスショットをするための大切な技術になるわけです。

「戦略」で決めた「スイングマネジメント」を軽く行い、一定の時間でアドレスに入ります。時間が変わってしまうと、せっかく「素振り」で確認した感覚が消えてしまいます。そうなっては「素振り」が無意味になってしまいます。

数年前の日本オープンで、プロがどのくらいの時間でティショットを打つかを測定したデータがあります。各選手に、バラつきはありますが共通していえるデータは次の通りです。

①ティアップ含めて40秒以内にショットする
②素振りから25秒以内でショットする

この時間はプロの最大時間だと思ってください。早い選手はこの半分の時間で1打を打ちます。

では、スロープレーヤーはどのくらいでしょうか？　レッスン経験からの感覚的時間は次の通りです。

①ティアップ含めて60秒以内
②素振りから50秒以内

なぜ、このような時間の違いが存在するのでしょうか？　これはレベルアップが遅いゴルファーの特徴でもありますので重要です。

スロープレーにもつながるこの状態は「絶対に失敗したくない心理」「絶対にナイスショットしたい心理」、そして具体的には、アドレスしてから「もう一度スイングマネジメントを整理する」といった原因が考えられます。そして、その結果はナイスショットにはなりにくい事実を伝えています。

ロジカルゴルフ　実戦ノート31

「上達ゴルファー」＝スロープレーヤーは存在しない！

「スイングマネジメント」を100％クリアにしてナイスショットしたい気持ちはわかりますが、スイングで大切な感覚が消えてしまっては意味がありません。そのためにも一定の「素振り」と「ルーティン」が重要になります。

たとえ100点の結果にならなくても、「ルーティン」を壊してはいけません。「ルーティン」の箱を決め、中身（注意すべきこと）を変えながら結果が出るように「戦略」を高め、「実行力」を高めることが上級ゴルファーへの階段になります。

●「素振り」と「ルーティン」のまとめ

「上級ゴルファー」は「ルーティン」に自分の箱を持っています。

「上級ゴルファー」は「素振り」に意味があるが、「停滞ゴルファー」の素振りには意味がない。

技術の箱を決めて、中身を変化させながら結果がよくなるように訓練することです。

2「アドレスする」

「実行力」の2項目目は「アドレスする」です。

ルールブック上の「アドレス」の定義は「ボールを打つためにスタンスを決め、クラブをソールしたとき」になります。「ロジカルゴルフ」でレッスンしているアドレスとスイングの関係をお伝えします。

「停滞ゴルファー」の特徴は、適当にアドレスしてボールがある位置を振ろうとすることです。

「上達ゴルファー」は反対の思考回路を使います。最初にスイング軌道を考え、その軌道上にボールがあるようにアドレスをコントロールします。

ロジカルゴルフ　実戦ノート32

アドレス＝スイング軌道を先に考え、アドレスを後から合わせる感覚

「停滞ゴルファー」は、ボールのある位置を振ろうとするために、スイング軌道を変えてジャス

てボールが軌道上にあるような感覚でスイングします。一定の軌道でスイングするために、確率がよくなることを確認してください。

20年以上昔のエピソードです。ラウンドレッスンのとき、無意識で「アドレスの変化」に対するアドバイスを多く伝えてきたことを思い出します。当時、自分でもなぜアドレスを教えているのかが理解できませんでした。数年後に気づいたことが前述した「スイング軌道を先に決め、アドレスを後から調整する感覚」だったのです。

コースは練習場と違って平らなライはほとんど存在しません。このときに「停滞ゴルファー」はアドレスの重要性を考えずに、ボールの位置をどうしたら振るかを考え、軌道を変えてスイングします。

現実に打たれるボールはインパクトの物理的法則で決まります。軌道を変えることによってフェースアングルなども変化してしまい、一定のボールは出にくくなります。

実際のプレーではアドレスを先に決め、スイングが後になりますが、感覚的にはスイング軌道を先にイメージしてアドレスを後から合わせることがコースで打つための重要な技術になります。練習場でスイング練習をするときに意識することで、上達の速度は格段にアップします。

アドレスは右肘→グリップ→スタンスの順

コースプレーで「ライへの対応」を練習するときに、この感覚的法則が「スイングマネジメント」を決める基礎になりますので、再度確認してください。レッスン情報でよく見る「ボールの位置や下半身の姿勢など」は軌道上にボールがあるようにするアドレスの工夫だと考えてもらえば納得できると思います。

それではアドレスの入り方を検証しましょう。自分のアドレスの入り方を思い出してください。「ルーティン」からどのような順番と規則でアドレスに入るのでしょうか？　「ロジカルゴルフ」で伝えている順番は以下の通りです。

①右肘のポジション
②グリップ
③スタンス

右肘のポジションを決め（片手か両手かは無関係）、グリップを決めながら（クラブを短く持つことを含めて）、スタンスを細かく足踏みしながら微調整します。

ロジカルゴルフ　実戦ノート33

アドレスの順番＝右肘→グリップ→スタンス

プロのトーナメントを見ていると、ほとんどの選手がこの順番でアドレスに入っていることを確認できると思います。

アドレスの目的は「ボールとの距離感」と「ディレクション」を決めることがメインテーマになります。それをスイング技術の一部と考えれば、「アドレスで～のミスを防ぐ」ことも可能になります。

写真右は靴が遠く、中は上半身が遠い

ロジカルゴルフ　実戦ノート34
アドレスの目的＝ボールとの距離感&ディレクション

レッスン活動から、通常のゴルファーのアドレスで感じることがあります。それは、アドレスがボールに届いていないということです。つまり「トップになりやすいアドレス」ということになります。

アドレスが遠いことは2種類あります。

①靴が遠い場合
②上半身が遠い場合

私のチェック法は右肘と体の距離感になります。ボールに届いていない場合は右肘が体から離れます。自分のベストな距離を測れるように練習でつかんでください。

写真はドローヒッター

ロジカルゴルフ　実戦ノート35

アドレスの距離感センサー＝右肘と体の距離感

球筋によるアドレスの違いです。

ドローヒッターは右肘が曲がり、頭のポジションが右にくるタイプが多い傾向があります。また、ショルダーラインを少しクローズに構えることが私の方法でもあります。

このアドレスの意味は「スライス防止部品」を作っていることになります。

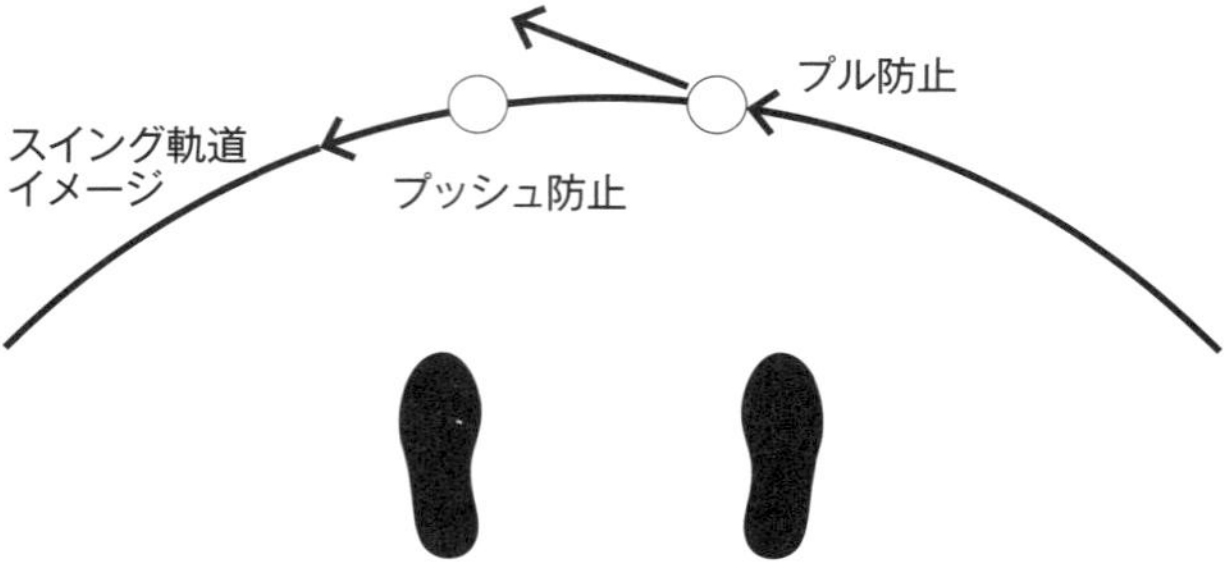

ボールの位置と理由

多くのプロやレッスンプロがレッスン情報としてボールの位置を指摘します。ボールの位置に対する私の理解を伝えます。

①ボールが右＝プル防止
②ボールが左＝プッシュ防止

ボールの位置はアドレス項目に含まれるので、足踏みしながら最適な位置を探せるように練習してください。

「ディレクション」の決め方

アドレスのもう1つのテーマは「ディレクション」になります。「戦略」の項目で伝えたようにアドレス時に基準を作ることになります。

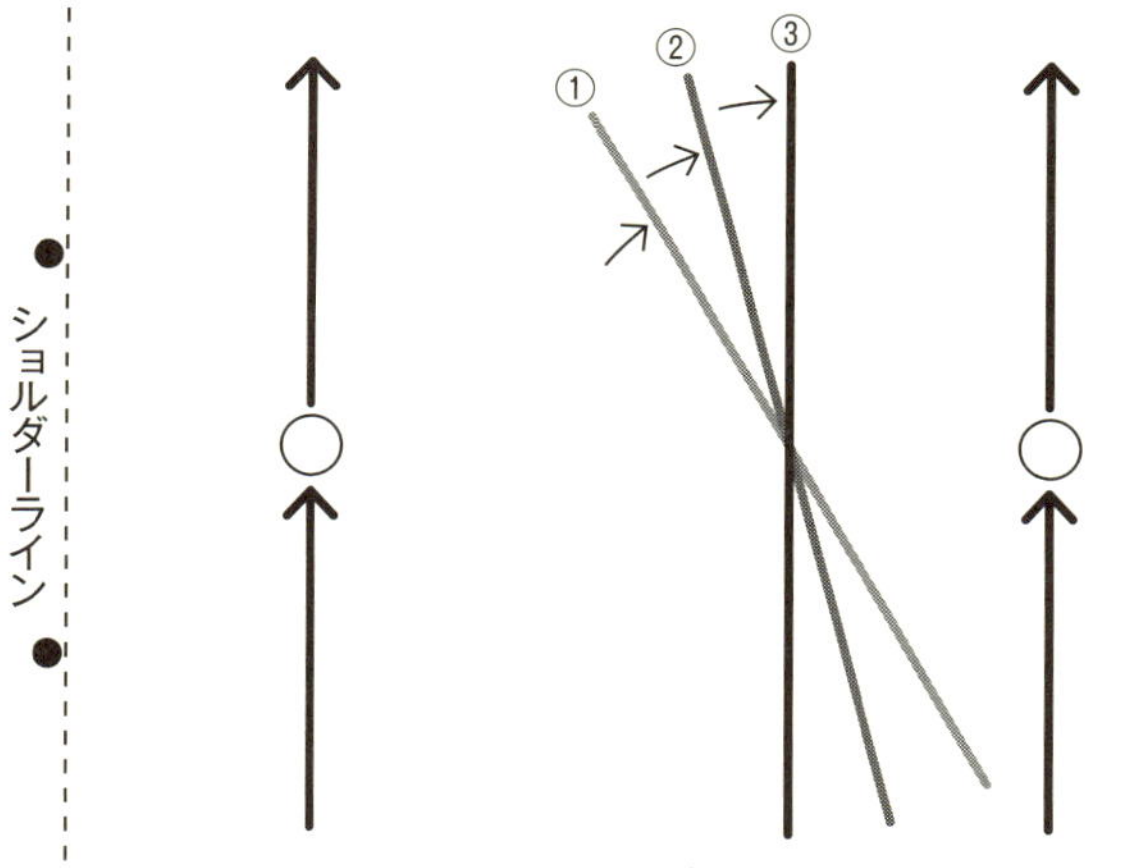
時計回りでディレクション

私の設計図は両肩を結んだショルダーラインになりますが、体の具体的部分に基準ラインを作り、発射ラインに合わせることが技術になります。

球筋を決めてから「ディレクション」を決めます。ディレクションラインの作り方ですが、上から見て（ヘリコプターから見る感覚）、時計回り（右回り）の規則でアドレスを決めます。

右を向きながらアドレスを決めることで、アドレスの後にくるスイングの「振りにくさ」を少し解消できます。

フェードの場合＝コース内左の、左から細かく時計回りの規則でコースの左を狙います。「停滞ゴルファー」の方法はセンターを向いてから左を向きます。すると、スイングするときに強い違和感を覚え、ミスにつながることが多くなります。

ゴルファーは右を向くとスイングしやすく、左を向くとスイングしにくい感覚を持ちます。ドローの場合はセンターから少しだけ右に絞る感じになります。フェードもドローもどちらも時計回りの規則で「ディレクション」を決めます。

ロジカルゴルフ　実戦ノート36
「ディレクション」＝時計回りの規則で細かく足踏みしながら決める

私の「ディレクション」設計図での判断から、ゴルファーは右向きの「ディレクション」が多い特徴があります。

理由を検討します。原因はボールラインと体の基準ラインに存在する距離感が、ライン感覚を複雑にしています。プレーヤーのライン感覚は自分の体の位置、対して実際のラインはボールになります。自分の体のラインを発射ラインに合わせると右向きになります。

なぜでしょうか？　プレーヤーから見る景色は遠近法を使っているように見えます。平行な線

平行な線路は遠近法で
このように見える

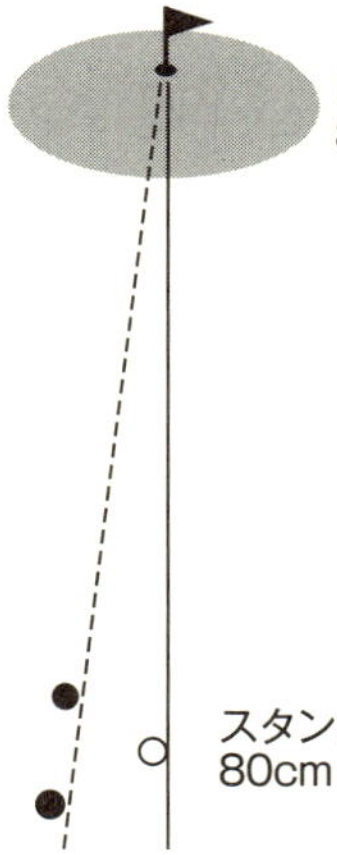
ピンから
80cm
スタンスから

路は遠くに行くほど細く見え、遠くの景色ほど小さく見えることが、「ディレクション」ラインを誤らせるのです。

例えば、体とボールの距離が80㎝だとすると、その80㎝は200ヤード先の景色に合わせるとほとんど0になります。

遠近法ではなく、見た目の平行を使った場合は、逆の現象が起こります。アドレスでは80㎝だった距離が200ヤード先では数10ヤードになります（親指と人差し指の間に5㎝の間隔を作り、遠い景色を指の間から見ていただければこの意味を理解できると思います）。

ボールと体が1m以上離れるドライバーでは、この現象がさらに大きくなります。この現象により、ドライバーでフェアウェイセンターを狙う場合、体のライン感覚はフェアウェイの左端に構えるように感じます。長いショートホールを長いクラブで打つ場合も、グリーンの左からはみ出すぐらいに構える感じがします。

レギュラーティとバックティでゴルファーが考える難しさは距離が長くなることですが、この現象からコースが狭く見えることを伝えておきます。

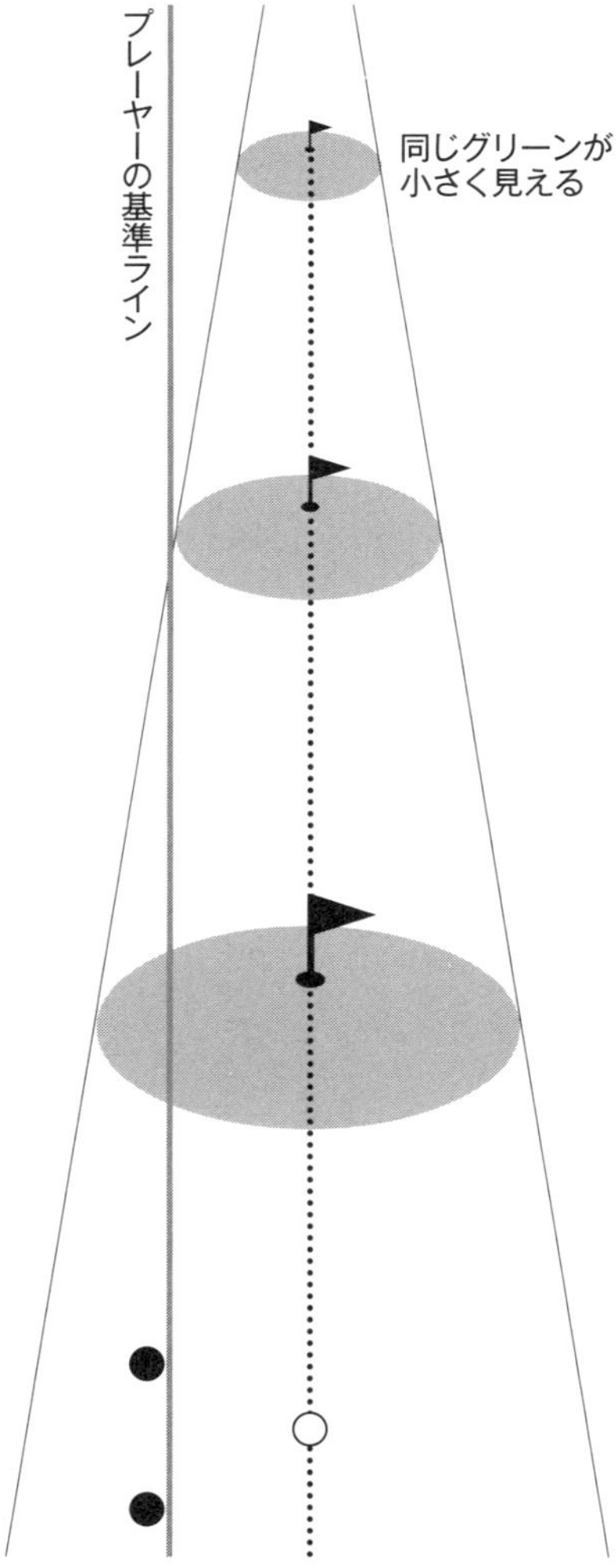

ピンを狙う場合、ピンの左1m（左打ちの場合は右）からラインを取り、アドレスまで線を引きます（体の基準ライン）。上空から見た場合にそのようにすることが設計図になりますが、プレーヤーから見た場合は違ってきます。

医学的には目の錯覚で起こる現象がライン感覚を複雑にします。体の基準ラインを景色から決める場合は遠近法が働き、「ディレクション」は狙う景色のかなり左を向いているかのように感じます。

その違和感に耐えられずに体の基準ラインを目標に向けてしまいます。すなわち、体がピン方向を向く状態になります。すると1mのボールとの距離が遠い景色では増幅されて右を向くことになります。ボールとの距離が一番離れるドライバーは、相当右向きになる可能性が高いことを伝えておきます。

では、どのようにしたら現実的平行（体の基準ラインとボールライン）が作れるのでしょうか？対策はボールラインのみを景色から決めます。そのラインに対して、景色に左右されずに平行な体の基準ラインを作ることが技術になります。

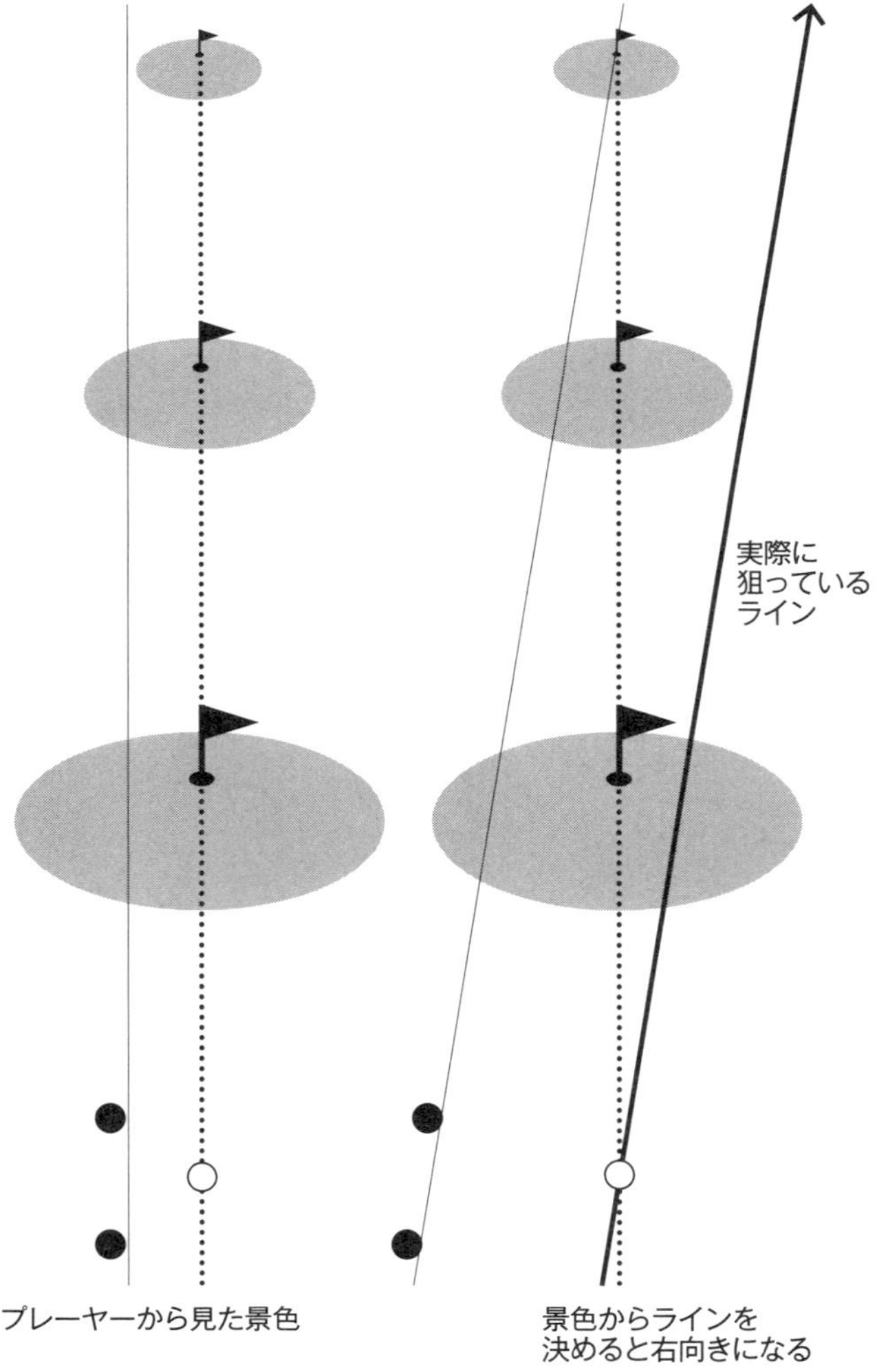
実際に
狙っている
ライン
プレーヤーから見た景色
景色からラインを
決めると右向きになる

ロジカルゴルフ　実戦ノート37

「ディレクション」の決め方＝①ボールの発射ラインを決める
②景色に左右されずに、ボールラインと平行に、体の基準ラインを時計回りの規則で決める

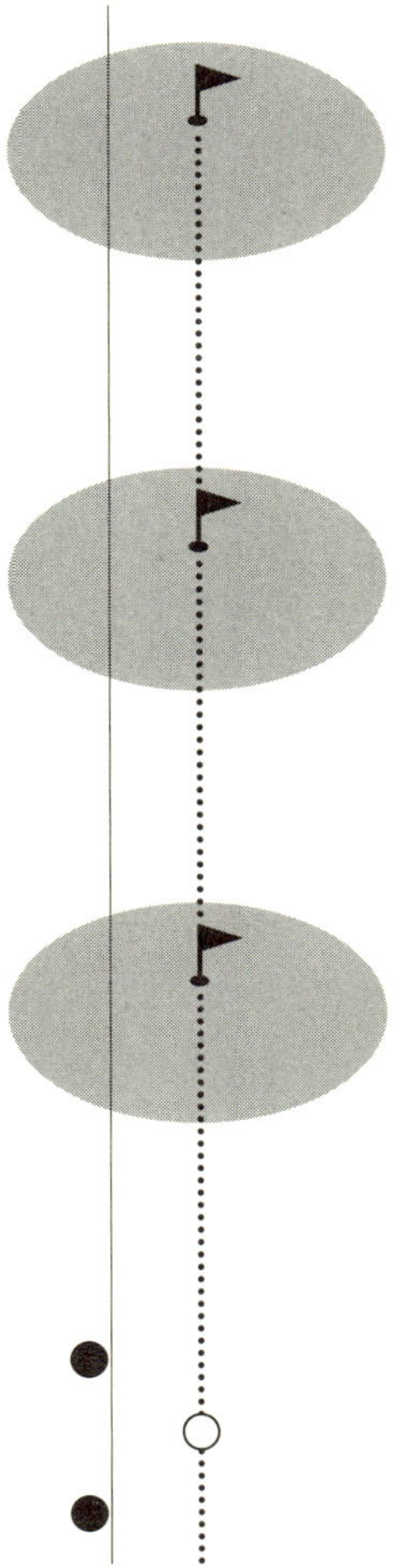

上空から見た景色

●「アドレスする」のまとめ

「アドレス」は、ボールとの距離感と「ディレクション」を大事にする。

「アドレス」もスイングの一部と考えること。

右肘↓グリップ↓スタンスの順番で細かい足踏みで微調整します。

ボールとの距離感センサーは右肘。

決めた球筋（フェードかドロー）によって、発射ラインを景色から決めること。

決めたラインを、景色に左右されないで、時計回りの規則で細かく作ること。

3「スイングする」

「実行力」の3項目目は「スイングする」です。

「素振り」を含めた「ルーティン」からアドレスを決め、スイングします。「戦略」で決めた「スイングマネジメント」を実行することになります。

「停滞ゴルファー」はアドレスしてからスイングをスタートするまでの間に、もう一度「スイングマネジメント」を整理する特徴があります。この行為はよい結果にはなりません。アドレスしてから一定のタイミングでスタートする必要があります。

「素振り」を含めた「ルーティン」で「スイング」の注意ポイントを軽く確認し、感覚的メモリーを行いました。この感覚を実際のスイングで実行するためにも、アドレス後のスタート時間は重要になります。もう一度整理することによって感覚が消えてしまいます。

レッスン時には「アドレスの足踏みが終了してから、2秒以内にスイングをスタートしてください」とアドバイスしています。現実的には2秒でも長いと感じます。体が静止する時間が長ければ長いほど感覚は消えてしまいます。緊張も高まっていきます。「停滞ゴルファー」は絶対にナイスショットしたい気持ちから完璧を求め、アドレスでもう一度整理する習慣がついています。

ロジカルゴルフ　実戦ノート38

「停滞ゴルファー」は、アドレス後に再度スイング注意ポイントをまとめることによって、リズムと感覚が消え、結果ミスショットが増える
「上達ゴルファー」は素振りとルーティンの段階で注意ポイントを確認し、「感覚メモリー」をする。そして、感覚が消えない間にスイングするためにテンポよくスタートできる

「停滞ゴルファー」の100点狙いがここでも現れます。このタイプは素振りでも時間がかかり、1打30秒で打つことができなくなります。ティショットからパットまで、すべてにおいて時間がかかり、スロープレーヤーになる特徴があります。この状態を私は「石像状態」と呼んでいます。

ゴルフの重要な特徴は60点以上のショットをつなげることにあります。逆にいえば100点は必要ありません。だからこそ「上級ゴルファー」は時間をかけずに打つことができます。よって、「上達ゴルファー」になる重要ポイントの1つが、このスイングをスタートするタイミングになります。

「停滞ゴルファー」の意見は、「私はスイングのチェック項目が5ポイントあります。だから時間をかけないと実行できません」となります。これに対する私の質問は「それでは必ずナイスショットになりますか?」です。答えは「NO」です。

つまり、5ポイントの注意をスロープレーで行っても結果はよくないということになります。5ポイントの中から大切な2~3ポイントに絞り込むことが技術になります。結果的にプレーヤーにとって効果が高いスイング部品を選び出し、そこに集中したほうが結果はよくなることを多く確認してきました。

「スイングボックス」

「ルーティン」と「素振り」の項目で「技術の箱」をお伝えしたと思います。箱を決めて、技術の中身を入れ替えることが使える技術につながります。

スイング技術でも同じことがいえます。コースで打てなくなるゴルファーの思考的特徴は、アドレス後に結果を気にすることです。結果を気にすれば、スイング管理が弱くなります。

ゴルファーがコントロールできることは、「原因」であって「結果」ではありません。「原因」とはこの場合、スイング管理になります。「結果」は打ってみなければわかりません。つまり「原因」に最善を尽くすことが、「上達ゴルファー」へのステップアップになります。

決めたことを完璧に実行でき、その上で結果がよくないとき（59点以下）は、「ルーティン」に入る前の「戦略」と「結果設定」、「状況判断」を見直す必要があるわけです。

「上級ゴルファー」はアドレス後に結果を消して、スイング管理に集中できます。この状態を私は「『スイングボックス』に入った」と表現します。

コースでプレーしていると結果が気になります。プロでも同じことがいえます。優勝争いをしているときなどはどうしても結果を意識してしまいます。しかし、そのときでもアドレス直後は

「スイングボックス」に入り、結果を消してスイング管理に専念する必要があります。

永遠のテーマになりますが、コースと練習場の差を埋めるためには不可欠な技術になりますので、練習によって技術レベルを高めてください。

ロジカルゴルフ 実戦ノート39
アドレス後=「結果」を忘れ、「『スイングボックス』に入る」こと

●「スイングする」のまとめ

戦略で決めた「スイングマネジメント」を軽い「素振り」から「ルーティン」につなげ、「感覚メモリー」の後にアドレスに入ります。足踏みが終わったら感覚が消えないように2秒以内にスイングをスタートします。100点を狙うよりも60点をクリアすることが優先されます。

練習場で行っている注意ポイント数を少なくしながら、60点をクリアする技術を練習します。「停滞ゴルファー」はアドレス後にスイングの確認作業を繰り返します。結果、スロープレーヤーになり、停滞することを理解してください。

アドレス後は「スイングボックス」に入り、「結果」ではなく、スイング管理に専念することが大切になります。

●「実行力」のまとめ

ゴルフですることは「素振り」と「ルーティン」、「アドレスからスイング」の3項目だけです。目に見える3項目の技術になります。「停滞ゴルファー」の考え方は、「上級ゴルファーはスイングがよいから狙ったエリアに打てる」と考えます。その考え方からスイングだけに興味を持ち、その練習に生涯を捧げます。

しかし、スイング技術はよいプレーを行うための1つの技術に過ぎません。現実にボールを打つまでは「状況判断」→「結果設定」→「戦略」の順番を今から打つ1打に対して行うことが必要になります。

「実行力」とは日々変化する「生きている技術」になります。今日できたことが明日できるかはわかりません。そして、100点のスイングには永遠にならないことを理解してください。しかし、永遠に追求する必要があります。

思考技術はレベルダウンしませんが、スイング技術はレベルダウンします。だから日々練習によって使える技術に高める必要があります。

締めくくりに、ベン・ホーガンの有名な言葉を皆さんに贈ります。

「今日の当たりを明日には持っていけない」

だから１００点狙いではなく、60点クリアの考え方が大切なのです。

第6章

1ストローク打つための「結果分析」と「反省」

この章では、
目の前の1ストロークを打った後にすべきこと、
「結果分析」と「反省」を
どのように行うかを具体的に説明します。

1ストロークを打ち終わった後で、どう感じ、どのような行動を行っていますか？

よくない結果が出たときは以下のようではないですか？

「ミスに怒り、クラブを地面に叩きつける」「私の実力はこんなはずではない」「コースがよくない」、バンカーに入った後で、「何であそこにバンカーがあるのだ！」など。

では、よい結果が出たときはどうでしょうか？

「ナイスショットして大喜びする」「派手なガッツポーズを繰り返す」「パートナーに自慢する」など。

ゴルファーは人それぞれに違った態度を取ります。

ゴルファーのジャック・ニクラウスはミスしても決して感情に表さない人でした。ベン・ホーガン、トム・ワトソン、ゲーリー・プレーヤー、アニカ・ソレンスタム、樋口久子プロ、岡本綾子プロも自分の感情をコントロールするために平常心を保つことを心がけていました。結果同伴競技者やギャラリー、テレビ視聴者に不快感を与えません。

私が尊敬するスポーツ選手はすべてこのタイプになります。野球の王貞治さん、松井秀喜選手、テニスのシュテフィ・グラフさん、相撲の千代の富士さんなども含まれます。よい結果になったときは謙虚に喜び、よくない結果のときは何事もなかったかのような態度でプレーを続ける姿に感動を覚えます。

「実行力」を使い、1ストロークを打った後には必ず結果が表れます。よかった結果、そうではなかった結果。この「結果分析」と「反省」の項目は次の1打に、そして未来の1打につながる大切な項目になります。

これまで「状況判断」から13項目の具体的内容を伝えてきましたが、上達するためには今からお教えする最後の2項目がとても重要で、私は15項目の中で一番大切だと生徒たちにレッスンしてきた内容です。

1「結果を受け入れる」

よかった結果、よくない結果が現実として必ず表れます。その結果を受け入れる技術を高めてください。

ゴルフはすべて自己責任のスポーツになります。どのような結果も自分で判断してアドレスに入り、スイングした結果です。ナイスショットしたボールが予期しない風に流されてOBに入ろうが、キャディのアドバイスで打ったパットが反対に曲がって3パットしようが、すべてプレーヤーが最終判断を下してプレーしていることなのです。

「停滞ゴルファー」の大きな特徴は、「よい結果は実力、よくない結果は自分以外に原因を求める」ということです。「上達ゴルファー」の仲間入りをするためには、すべては自己責任であり、どのような結果も受け止めることが未来につながります。

ロジカルゴルフ　実戦ノート40

「結果」を納得する＝すべての「結果」は自分自身が作り出したものであることを100％自覚する

ゴルフは1ホールずつプレーしながら、18ホールがつながっています。競技では36ホール、54ホール、72ホールがつながり、プロのQTファイナルなら108ホールがつながっています。ゴルフは1ホールの競技ではないということを認識してください（ちなみに、ドラコン競技はゴルフの本質的特徴とは異なる競技だと私は考えます）。

誰でもよくない結果は悔しく悲しくなりますが、現実を受け入れる人が「上達ゴルファー」のパスポートを持っています。

ゴルフ仲間から多く誘われる人は一緒にプレーして楽しいから多く誘われるのだと思います。逆にゴルフの誘いが来ない人は、もしかすると怒りや悲しい感情を同伴競技者に表しているかもしれません。

感情をコントロールし、結果を受け入れることができると、客観的に自分を判断する力がレベルアップしていきます。「上級ゴルファー」と「上達ゴルファー」は感情管理ができる人です。逆に「停滞ゴルファー」は感情に支配されたプレーをする人になります。

感情を思考力でカバーすることが、ゴルフではとても大切になります。ゴルフにどんな楽しみを求めているかによってもプレーは変化します。「停滞ゴルファー」は感情に支配されたプレーであるが故に、スコアアップできない大きな特徴があると伝えておきます。

ロジカルゴルフ 実戦ノート41

「上達ゴルファー」＝自分の可能技術を使い、現実的限界スコアへ挑戦することを楽しめる人

●「結果を受け入れる」のまとめ

打った1打はすべて自己責任である。この事実を客観的に受け止め、感情的平常心を保つことが未来へのレベルアップには不可欠になります。

「停滞ゴルファー」は感情に支配されたプレーを生涯続けるために、スコアアップを諦めてしまう。冷静に結果を受け入れることが「上達ゴルファー」の絶対条件です。

2「反省する」

感情を管理しながら結果を受け入れた後、しなければならないことがあります。それが最終項目となります。結果を受け入れたら、反省し、原因を分析する。1ストローク打った後の復習をすることです。

今、打ったボールの結果を振り返りましょう。上手くいった原因や上手くいかなかった原因を分析します。「停滞ゴルファー」はミスの原因をすべてスイングに求める傾向がありますが、現実にはたくさんの原因があることを知るべきです。

「ボールが右に飛んでしまった」という事実に対して考えられることは何でしょう？

スイングのミスでしょうか？　それともディレクションのミス（右向き）でしょうか？　左からの風を読まなかったからでしょうか？　スライスで右に飛んでしまったのか、それともプッシュで右に飛んだのでしょうか？　つま先下がりのライによるスライスだったのでしょうか？

このように、右に飛んだ原因は多々存在します。

1つの結果に対して原因は複数存在することを理解する必要があります。

ロジカルゴルフ　実戦ノート42

打たれたボール＝同じに見えても原因は複数存在する

「停滞ゴルファー」はよくない結果の原因を探すことが習慣になっていますが、「上達ゴルファー」になるためには、結果がよくないときによかったこと（できたこと）を確認することが重要です。

「停滞ゴルファー」はよくない結果のときにすべてをミスのように感じますが、そのようなことはほとんどありません。ゴルフは1ポイントのミスが0点に見える特徴があります。

例を挙げます。パットのとき、上りと読んで打ったラインが実は下りだった場合など、ミスは読みの1ポイントですが、結果は3パットになります。スイングにしても同じことがいえます。100点のスイングができたのに、アドレスがボール1つ離れていたらナイスショットにはなりません。

また、結果が0点に感じても、上手くできていたことは必ずあります。

「スイングはミスしたけど、ディレクションはよかった」「パットでは読みは合っていたけど、決めた距離を打てなかった」などです。

この分析が「停滞ゴルファー」が「上達ゴルファー」になっていけるのかの大きな分岐点になります。

結果がすべてという人がいますが、私はまったく違う見解を持っています。たとえよい結果でも、戦略がなければ偶然に過ぎません。同じ状況が来たときにコピー的結果を作れなければ、それは偶然的結果でしかないことを実感してください。「上級ゴルファー」になるためには戦略的によい結果を作れなければなりません。

そのためにも、今、打ち終わった結果を客観的に分析することが、上達する未来のために不可欠となります。よくなかった結果のときに、よかったことを確認できることが、結果は同じでも上手くなった自分を感じることにつながります。他人には理解されなくても、レベルアップする予感を得ることで楽しい未来が待っています。

ロジカルゴルフ　実戦ノート43

「上達ゴルファー」＝すべての経験を栄養にして未来へつなげる

●「結果分析」と「反省」のまとめ

１打を打ち終わり、その結果を受け入れる感情管理をすることが「上達ゴルファー」への絶対条件です。すべての結果は自分が最終判断を行い、スイングした結果であることを理解しましょう。自分が１００％の責任で作った結果を客観的に分析することが未来への財産になります。特に上手くいかなかった原因よりも、できたことを分析することが重要です。このことは結果がよくないときにも行うことが大切なのです。

これまでの15項目の内容で、この項目が重要度ＮＯ・１だと確信しています。

どのような戦略でプレーしようと、反省と分析ができ、修正することができれば必ず上達することができます。ゴルフとは身体能力20％と思考能力80％の不思議なスポーツであることを伝えておきます。

ロジカルゴルフ　実戦ノート44
ゴルフ＝20％の身体能力＋80％の思考能力
「停滞ゴルファー」は20％の技術のみに興味を示し、「上達ゴルファー」は80％の思考能力にも興味を持つ

●「1ストロークの手順」のまとめ

1ストロークを打つためには、これまで説明してきたように、「状況判断」、「結果設定」、「戦略」、「実行力」、そして「分析」と「反省」などの中から、細かく分けていけば15項目にもなります。

皆さんの中には、「1ストロークごとにこんなにたくさんのことを考えなくてはならないの？」と感じる方もいると思いますが、「上級ゴルファー」にとっては当たり前の内容になります。

現在の自分のプレーを振り返ってみてください。15項目すべてではなくても、数項目はすでに行っているのではないでしょうか？　ですから、足りない項目を追加しながら練習して欲しいと

思います。

15項目すべてが習慣になったとき、皆さんのプレー技術は格段にレベルアップします。そして、それらを習慣にできたら、次のステップは各項目のレベルアップになります。永遠のテーマになりますが、思考技術とスイング技術の両方がレベルアップには必要になることを再度、確認してください。

ではもう一度、15項目を列記してみます。

第1章の「思考技術」を踏まえ、1ストロークの手順の始まりとなる第2章で「状況判断」の3項目を挙げました。

1「ライの判断」
2「風の判断」
3「危険エリアの判断」

第3章「結果設定」の2項目を掲げました。

1「球筋の想定」
2「結果設定」

第4章では「戦略」の5項目です。

1「必要感覚距離」
2「球筋の選択」
3「クラブ選択」
4「スイングマネジメント」を行う
5「ディレィション（打ち出しラインを決める）」
第5章は「実行力」の3項目です。
1「素振り」と「ルーティン」
2「アドレスする」
3「スイングする」
第5章は「結果分析」の2項目となりました。
1「結果を受け入れる」
2「反省する」
この6章に区分けした計15項目は膨大なレッスン活動の中で、10年の時を経て、バージョンアップを繰り返しながら完成したことを伝えます。
ゴルフの技術とは、この15項目がすべてだと確信し、生徒たちにレッスンしながら上達することを確認してきました。

私の5年間という少ない競技生活の中で必ず試合前に確認していた言葉があります。

H・T・テイラーという19世紀のプロが最初に語った言葉で、ボビー・ジョーンズに受け継がれました。私は当時、ジョーンズの言葉と信じていました。

それは次の言葉です。

「Play each stroke as a thing to itself.（1打1打をその1打としてプレーする）」

この言葉の意味は、とても深いと感じます。

私の解釈は「1打を打つために、すべきことに集中して、結果を受け入れ、反省する」ということではないかと感じます。

ボビー・ジョーンズの「オールドマンパー（パーおじさん）」につながる思想的言葉ですが、レッスン活動を重ねるごとに重く感じてきたことを思い出します。

結果は打ってみなければわかりません。

「停滞ゴルファー」は「上手くいく保障があるのならやりたい」と考え、「上達ゴルファー」は「上手くいくかわからないがやってみる。そしてすべてを経験にして未来への栄養にする」というものです。

この考え方の違いが3年経つと大きな差になることを、「上達ゴルファー」は予感しながら練習を行い、コースでプレーします。現役時代のスタート前に、この言葉を確認してからスタートティに向かったことを思い出します。

1ストロークの物語の15項目を確認するために、ボビー・ジョーンズに受け継がれた言葉が蘇ります。

ロジカルゴルフ 実戦ノート45

1ストロークの手順15項目=「Play each stroke as a thing to itself.（1打1打をその1打としてプレーする）」

追伸
「スロープレーヤーに『上級ゴルファー』は存在しない」

この著書を読んでいただいた「上達ゴルファー」を目指す方々に約束して欲しいことがあります。

それは「スロープレー」にならないことを優先することです。

「上達ゴルファー」の条件は技術だけではありません。技術的に満足するプレーをしたいという気持ちから、周りが見えなくなりスロープレーになるゴルファーを多く見てきました。

スロープレーヤーはスイング以外での要領も改善する必要があります。セルフプレーが増えてきた現在、スロープレーにならないための行動を紹介しますので、参考にしながら修正して欲しいと思います。

①ティに到着後、オナーは先に打ってからスコアなどをつける
②前のプレーヤーが打ってから5秒以内にスイングの準備に入る
③カートに乗らないほうが効率的な状況では歩く
④運転手以外はクラブを持ったままカートに乗る習慣を作る(特にホールとのインターバル)
⑤グリーンにオンしたときにパター以外のクラブを次に進むカラーに置く
⑥ボール探しのときにクラブを数本持っていく
⑦状況を見て、競技でないのなら打順にこだわらず打てる人が宣言して(「打ちます」のかけ声)プレーする

他にもたくさんありますが、レッスン活動から感じた修正して欲しい内容になります。「要領が

よい行動」という意味で、右記の7項目に注意できればスロープレーになりにくいことを感じます。

「実行力」の3項目でスロープレーヤーは、すべての項目をこの1球で完成させたいという気持ちからルーティンまでが長くなり、100点のスイングを作れるまで何回も素振りをします。しかも、アドレス後にもう一度スイング注意部品を確認するので、なかなかスタートしません。失敗したくない感情からそうなる傾向があります。

この習慣は非常に厄介で、修正するためには本人の自覚が絶対条件になります。レッスン会で伝えても、なかなか修正できない事実が存在します。スロープレーヤーの特徴は「自分はスロープレーヤーと思っていない」ことに起因します。まるで他人事のように感じているわけです。

ゴルフ界全体の課題にもなりますが、技術的に上達するためにも必要な事柄になりますので意識してください。

ロジカルゴルフ 実戦ノート46
「上級ゴルファー」=スロープレーヤーは存在しない
スロープレーヤー=自分をスロープレーヤーと思っていない

レッスン会で伝えているスロープレー防止対策をお伝えします。

パー3ホールは1組10分、パー4ホールは1組13分、パー5ホールは1組16分でプレーする。

インターバルは1分。このプレーで9ホールのプレー時間は2時間5分になります。

パー3ホール14分。パー4ホール17分、パー5ホール20分、インターバル2分。このプレーでは9ホール2時間48分になります。

ティショットでの持ちタイムは1組で2分30秒、スロープレーの場合4分。

グリーンの持ちタイムは1組で4分30秒、スロープレーの場合、7分になります。

これらはすべて4人でプレーする場合での持ち時間と考えてください。ティとグリーンは1人ずつしか打てませんので特に重要になります。

個人的に注意するポイントです。

ティショット＝ティアップから30秒以内、持ちタイムが2分30秒ですから1人30秒になります（打ち直し時間が1ショット可能）。ルーティンの項目で伝えた時間を参考にしてください。テンポよくプレーすることで技術もアップしスロープレーも防止できます。

グリーンは4人で4分30秒になりますから、1人平均1分7秒が持ちタイムになります。自分の打順が来てからこの時間を有効に使うためには他のプレーヤーがパットしているときにラインを読む習慣をつけることが大切です。プロのトーナメントのように自分の打順がきてからラインを読み始めたら、7分以上かかることになりますので注意してください。

ボール探しもスロープレーの大きな原因になります。

自分が打ったボールを探すポイントを伝えます。キャディ付きのプレーに慣れている人などは苦手のようです。目が悪くなって見えないという理由だけではない、ボールを探せないゴルファーの特徴になります。

このゴルファーは方向は見ているが、距離を確認していない傾向があります。自分の打った距離を理解していれば、他の人のボールから推測できます。曲がった場合はどこの距離から林に入ったか？　フェアウェイバンカーや大きな木など距離の目安に使います。その習慣を身につけることでロストボールを減らすことが可能になります。

ジュニアゴルファーへのメッセージ

ジュニアゴルファーのレッスン活動から感じることです。

私がゴルフを始めたのは16歳、当時としては標準、もしくは少し遅いくらい。

ゴルフが世界のメジャーになってきた現在は、遅くて10歳がプロへのスタート年齢のように感じます。「ロジカルゴルフ」で教育すれば、それ以降に始めても上達は可能と信じますが、早いほどよいと感じます。

私のレッスン経験から、日本のジュニアゴルファーのトップレベルは、意味を理解していないのに上手い選手が多いことが特徴です。社会人ゴルファーは「理解していなくて上手くない人」が80％以上です。その違いを知ったとき、かなりの衝撃を受けたことを思い出します。

ジュニアゴルファーのトップレベルの多くは、アプローチやバンカーなどをプロと対等以上に上手く打ち、よい結果を作りますが、実は「理由がない」ことに気づきました。ジュニアゴルファーは膨大な練習量（遊びの中）から「注意することと出る結果」をイメージできるようになります。

ところがそんなに上手いジュニア出身のプロが、ごくわずかしか大成しない現実が存在します。なぜでしょうか？

私の個人的な意見をまとめます。

①感覚が鍛えられたために、体の成長に対応できなくなる

ジュニアからゴルフを始めると素晴らしい感覚が身につきます。距離感など、遅く始めたゴルファーが生涯苦戦する項目を子供の頃にクリアしていることになります。しかし、急激に身長が伸びたときなどに「ボールとの距離感」がつかめなくなり、ゴルフがわからなくなります（女子は12歳から16歳くらい。男子は13歳から18歳くらい）。ジュニア王者が必ずしもプロで通用しない原因の1つです。その対策を練習メニューに入れることが大切です。

②ナイスショットの理由を考えない

結果がよければ、すべて正しいと考える習慣が身につき、その理由を考えない状態で年齢を重ねます。

③コース戦略を勉強しない

ここは非常に重要な事柄です。小学生時代のトップジュニアが中学になり、バックティのプレーに苦戦します。体の成長と共に飛距離が追いつき、2年から3年で復活してくる選手は少なからず「コース戦略技術」を持っています。ボールを上手く打てることでコース戦略を考えないプレーが身についたジュニアは、大成することは非常に困難になります。狙った地点に打つことが

すべてと考え、平均値の考え方やリスク管理の重要性を理解しません。このまま、プロになってしまうジュニアも多々いますが、大成するのは困難だと感じます。

④「ゴルフが上手いからプロになる」の考え

ゴルフが好きでプロになるのは賛成ですが、ゴルフが上手いからプロになるのは実はNGです。この項目でプロの道を選んで大成しないジュニアが多くいることを感じます。小学生の頃にゴルフを始め、素晴らしいスコアでプレーすれば、両親や応援する人が期待します。私はそのジュニアがどんなことを考えて練習をしているかを探ります。この事柄が未来を決定する重要な要素になるからです。今の成績や飛距離が出る以上に重要になります。

⑤子供を親の所有物とする

ジュニアがゴルフを始めたきっかけは親の影響がとても多いと確信します。私のように両親をはじめ、親戚でゴルフをする人が誰もいない環境でゴルフを始める人は皆無だと感じます。大会が充実している現代のゴルフ環境から、ジュニアの親たちの多くが自分の子供に一番の結果と成績を求めるようになります。スコアが悪いと体罰に走る親もいることはとても残念に感じます。

ジュニアも10歳を過ぎれば自分の意見を持つ1人の人間です。親の所有物ではないことを学ぶべきだと感じます。親のエゴで「プロにしたい」と考え、子供の意見を聞かず、結果だけを強要してはなりません。プロへの道は本人の気持ちを大切にして欲しいと心底、感じます。

⑥長期的な展望で育てない

身体的老化を考えながらの練習が息の長いプロになります。ジュニアゴルファーは、長期的な展望を持って、具体的に育てなければならないと考えます。つまり、ゴルフが上手いからプロになるという選択では成長力に疑問が残ります。

ジュニア時代から考える習慣を持って練習し、試合を経験した選手は分析力が育ちます。この分析力を高めることがジュニア時代では大切になります。

研修生への指導から感じたプロとアマの違いは、アマは練習したいときにゴルフをすればよいが、プロは練習をしたくないときにも練習できることです。これがプロとなる最低条件になります。特にトーナメントプロで生活するのであれば、当たり前の内容だと思います。

⑦韓国のジュニア育成法との違い

日本で活躍している韓国プロから感じることはコース戦略がしっかりしていること（特にリスク管理）。スイングも変則的な選手が非常に少ないということです。癖のない教科書的なスイングです。韓国ナショナルチームでの練習メニューにコース戦略などがプログラムされているような気がします。日本での風習は「コース戦略なんて勝手に覚えろ！」という感じです。

韓国ではスイングもサンプルが存在して型に入れているように感じます。すべてを肯定しませんが、私が伝えている思考技術がしっかりしているように感じます。韓国選手が世界的に強い現状を考えると、自己流の延長で戦っている選手とは当然、差がつきます。スイングに関しては変則だったとしても、スイング部品の管理ができればボールのコントロールは機能しますが、成長力や効率を考えると早い段階でオーソドックスな型を作ることが重要だと感じます。

社会人ゴルファーのレッスンをしていて、スイングを修正することが簡単ではない現実を経験しています。ジュニアゴルファーは成長力を考えたスイングを意図的に練習することも大切に感じます。1つのスイングを作れば完成ではなく、体の変化に対応したスイングの変化が必要になります。

⑧人間的成長を遂げることを目的とする

ゴルフ界の未来になくてはならないジュニアゴルファーが多くなることは非常に嬉しいことです。一生懸命練習し、試合を経験する中で人間的にも成長してもらいたいと思います。小学校の頃はやんちゃ坊主やおてんば娘だったジュニアがたくさんの練習や試合を経験する中で、人間的成長を遂げていく姿を見ることが指導している喜びでもあります。世界のレベルは信じられないくらい高くなっています。遊びの延長でプロへの選択だけは絶対にしないで欲しいと思います。

ロジカルゴルフ　実戦ノート47

ジュニアゴルファーの育成＝人間的成長を考え、長期計画で思考技術を含めた成長をもたらす

第7章

「上級ゴルファー」になるためのゴルフ術

第2章から第6章で述べてきた、
目の前の1ストロークを打つために
とても重要な15項目に加え、
さらにレベルアップするための事柄を説明します。

第2章から第5章までは、1ストロークを打つための方程式を15項目にわたって説明しました。ボールを目の前にして、それらのことを即座にできるように訓練すれば、スコアは自然によくなってきますが、さらに上達を目指すために考えておくべき事柄があります。それを順に説明していきます。

狭いエリアに打つ技術とは?

ロジカルゴルフ　実戦ノート48

「狙い打ち」=結果設定を決める判断能力+(ショート防止&オーバー防止)+(右防止&左防止)

「上級ゴルファー」が考える「狙い打ち」とは右の方程式になります。

ゴルフで現実的可能な技術は「～に打たないこと」になりますが、「停滞ゴルファー」は「～に打てる方法」を考えます。

「上級ゴルファー」の技術とは「～に打たないこと」を組み合わせて、「～に打っている」ように見せることだと理解してください。

例えば、次のようになります。「右に打たない」「左に打たない」「手前に打たない」「奥に打たない」。このような4項目を組み合わせることが「狙い打ち」になります。

具体的に説明します。

1　横幅の「狙い打ち」

「右に打たない」ことと「左に打たない」ことの組み合わせで横幅が決まります。

状況判断を含めて「右を防ぐこと」を何で行うか？「左を防ぐこと」を何で行うか？

プレーヤーの考えや資質と状況によって方法は違ってきます。ディレクションで行うか？　球筋で行うか？　方法は多く存在します。「狙い打ち」の方法ではなく、左と右を別々に逃げる方法を組み合わせることからスタートして、その技術を高めることが「狙い打ち」につながります。

例を挙げます。ディレクションで右を逃げ（左狙い）、スイングで左に打たないようにすることでセンターに打ったように見せるということです。

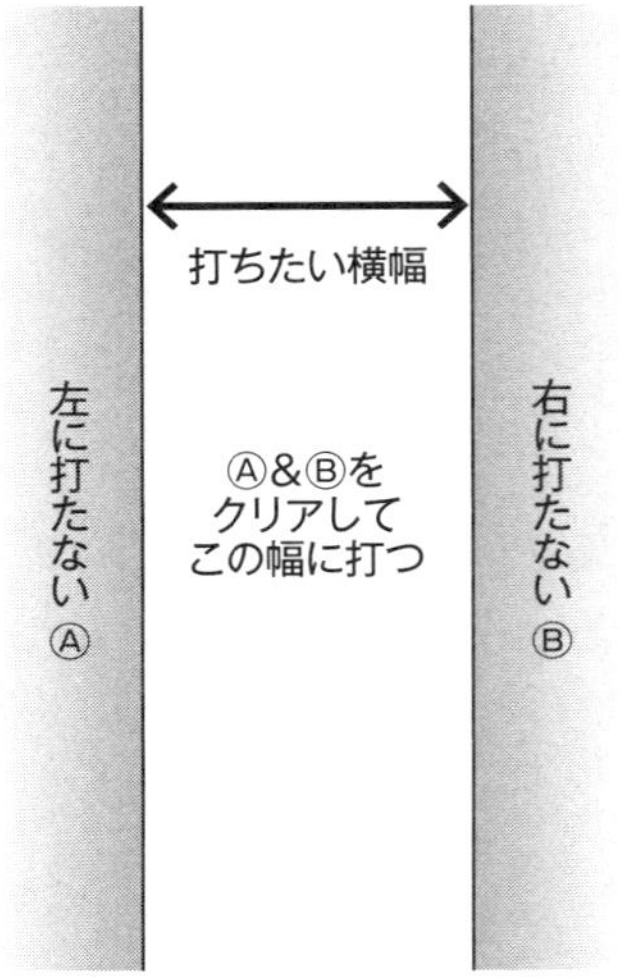

これは1つの例ですが、このように違う技術の組み合わせを練習することで、横幅の技術は確実に高まります。「停滞ゴルファー」は1つの方法でピンポイントに打つ方法を探しますが、それは魔法ですから現実には存在しません。

実際のプレーでは自分の技術を判断しながら、可能領域でコントロールしようとする人が「上達ゴルファー」です。

2　距離の狙い打ち

「手前に打たない」ことと「奥に打たない」ことの組み合わせで縦幅が決まります。

横幅と同じように「ショート注意」を何で行うか？「オーバー注意」を何で行うか？　この組み合わせのレベルを高めることが距離の「狙い打ち」になります。

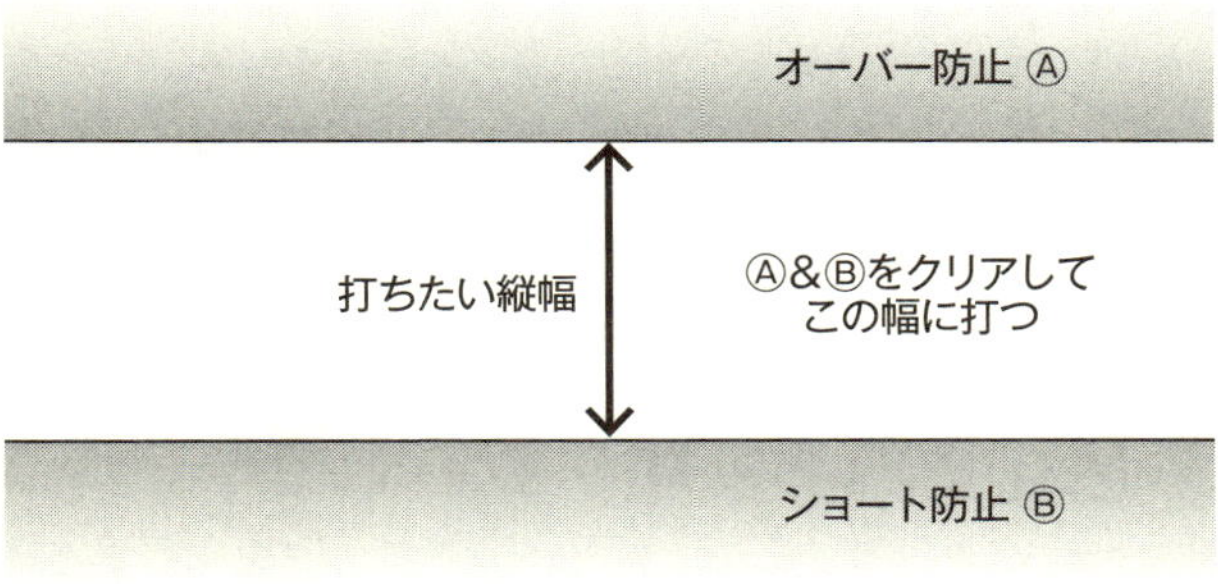

ショットの場合は「届くクラブでオーバーしないように打つ」。これが基本になりますが、「停滞ゴルファー」は逆の選択をします。「届かないクラブで届かせようとする」。これでは基本的にはショートを繰り返します。

狙い打ちとは縦と横をどのくらい狭いエリアに打てるかということになりますが、考え方は上記のように4つのポジションに打たないことの組み合わせになることを理解してください。そしてこの4項目を違う方法で組み合わせながら練習し、レベルアップを目指してください。

具体的なプレー時の例で「横幅と縦幅」のコントロールを解説します。

①ピンの位置がグリーンの右の場合

方法はいろいろとありますが、例えば次のようになります。

アドレスでのディレクションラインをグリーン左に取る。これが右を防ぐことになります。フェードボールでピンに寄せる。

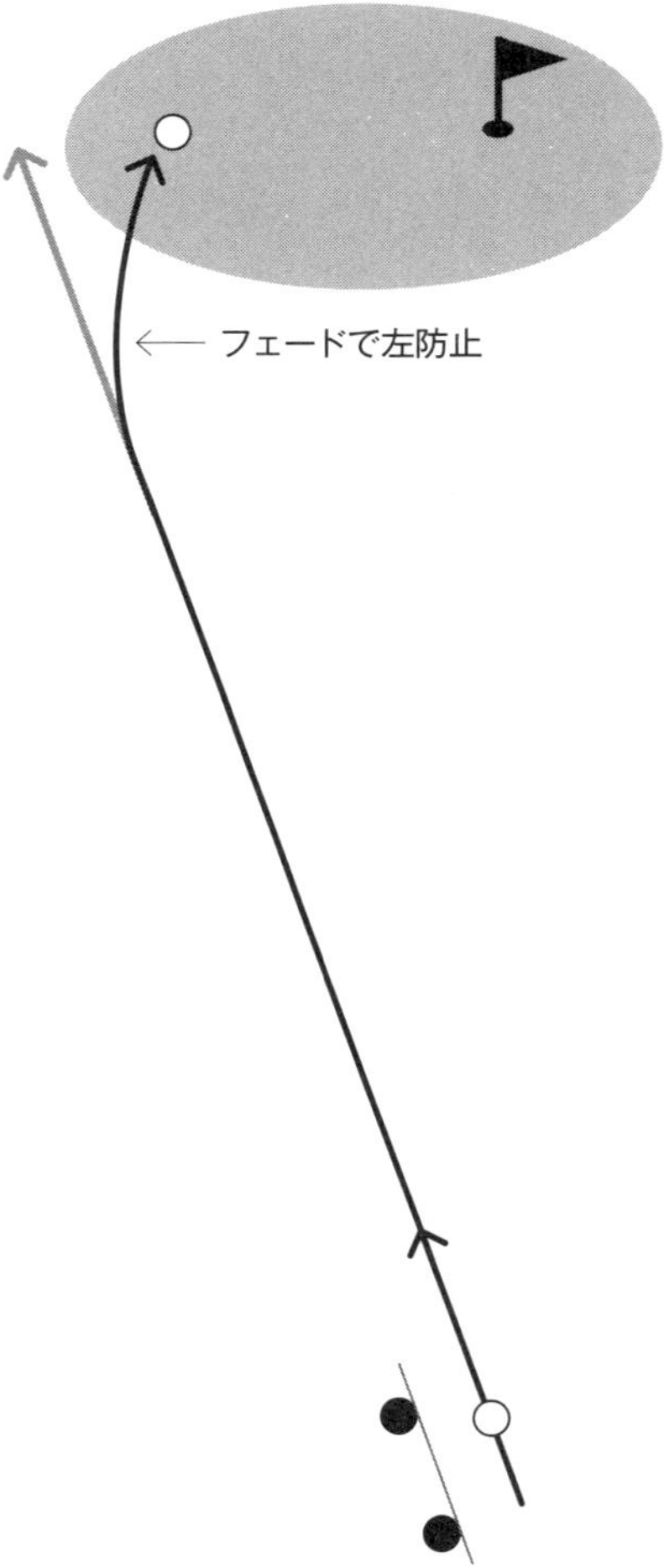

これが左を防ぐことになります。

こうしたこと以外にたくさんの組み合わせがありますので、自分の持っている武器で右と左を逃げる戦略を訓練してください。

②バンカー越えでピンが手前の場合

バンカーを越えるクラブを選択します。これがショートを防ぐことになります。フェードボールでキャリーとランを少なくします。これがオーバーを防ぐことになります。

この場合も方法が無数に存在します。皆さんが何の武器を使って行うかを明確にする必要があります。距離感と横幅が一致したときに、「狙い打ち」をしているように見えます。縦横が大切になりますが、「上級ゴルファー」は「縦合わせ」を重要に考え、「停滞ゴルファー」は優先順位が逆で「横」を意識してしまうことが多いです。

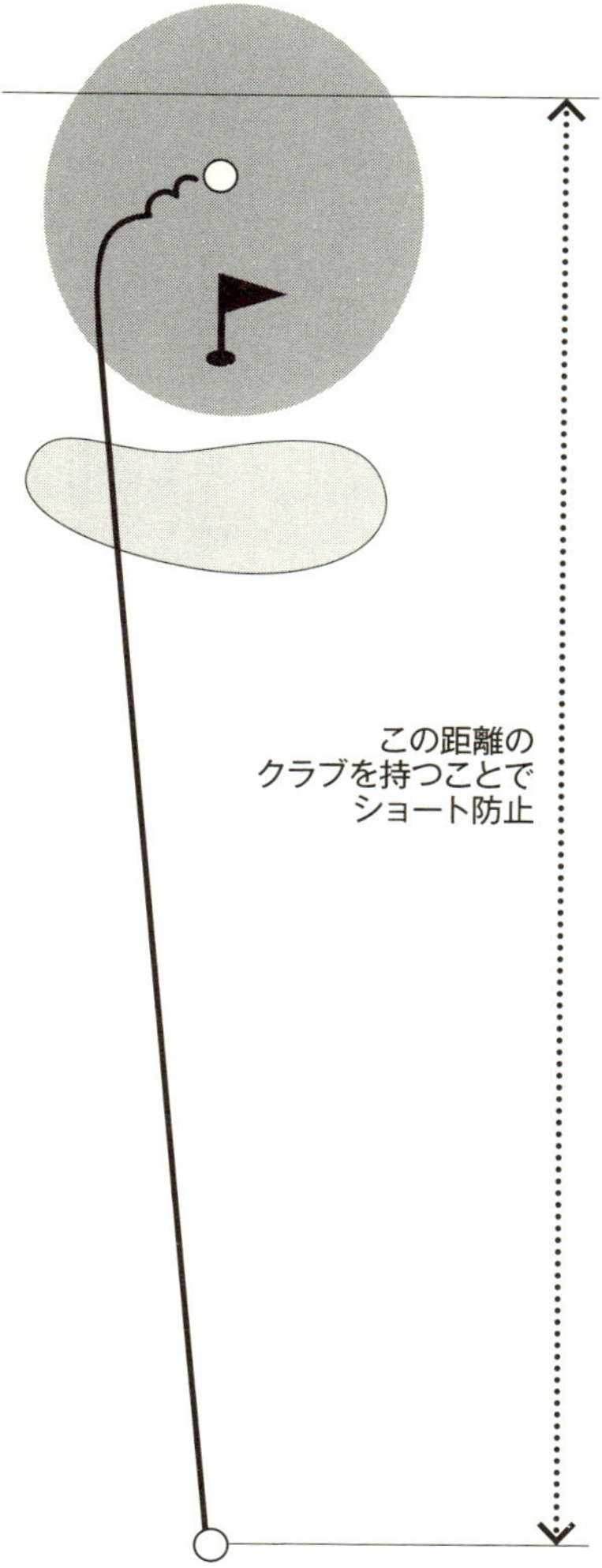
この距離の
クラブを持つことで
ショート防止

ロジカルゴルフ　実戦ノート49

「狙い打ち」＝縦合わせ＋横幅合わせ
「停滞ゴルファー」＝横を意識して距離感を意識しない練習が多い

練習時に注意して欲しい事柄を伝えます。

ショットレンジやパッティンググリーンを含めて、距離を意識した練習になります。例えば、アプローチなら今打ったキャリーは何ヤードなのか？　６番アイアンのフルショットで何ヤードキャリーしているのか？

練習時には必ず距離（特にキャリー）を意識することがレベルアップには絶対条件になります。

「ミスを管理する」

ゴルフの上達を考えたときに、ゴルフの特性を知る必要があります。

特性を理解することによって、問題点に対策を作れば必ずレベルアップします。ゴルフの特性を検討します。

ゴルフは「ミスのゲーム」という言葉を耳にしたことがあると思います。「停滞ゴルファー」はミスをしたくない思考から狭いエリアに打つ方法を探しますが、「上級ゴルファー」はミスを受け入れることを理解しながら結果を作る技術を持っています。この事柄を検証します。

私が考えるゴルフの大きな特性は「ミスを管理する技術」です。「停滞ゴルファー」はミスがそのままミスの結果になりますが、「上級ゴルファー」はミスをミスに見せないように管理します。これが「ミスを管理する」技術になります。

60点以上の結果をつなげながら、トータルで80点以上のスコアを作ることがゴルフの絶対技術になります。

「ミスを管理する」技術とは、第2章から第6章までの15項目の「結果設定」になります。この「結果設定」に幅を持たせます。よかったときとそうでないときがありますが、よくないときに60点の結果を作れるようにミスを管理します。

ティから打たれたボールは毎回違う地点に止まり、ホールアウトします。スタートするティショットとホールアウトするカップの位置が決まっていて、道中は無数の状況が待っています。つまり、無数の選択肢から自分の正解を見つけて戦略を立てる必要があるのです。

ロジカルゴルフ　実戦ノート50

60点の結果＝1ストロークのペナルティにならない想定内でのミス結果

60点以上の結果とは、1ストロークのペナルティにならない場合であり、60点以下の結果は、1ストロークのペナルティになったものと理解してください。

例えば、230ヤードを打つドライバー距離のゴルファーがハーフトップのインパクトとなり、200ヤードの結果になったとしても60点以上の結果が得られます。ところが、そのティショットでOBを打った場合はペナルティがつきますから、当然60点以下の結果になります。

ピンまで100ヤードのウェッジショットでいえば、強くヒットしてしまい、ピンをオーバーしてもグリーンに乗ってさえいれば60点の結果です。しかし、ダフって50ヤードしか飛ばず、グリーンオンしなかったら60点以下となります。1ストロークのペナルティになるようなミスなので60点以下になるわけです。

「上達ゴルファー」になるためには1ストロークのペナルティにならないように、60点以上をつなげる技術を高めることが要求されます。その意味から自分にとっての60点を判断できる訓練が必要になります。

私の恩師、後藤修先生から22歳のときに教わった言葉です。

「ゴルフとはフェアウェイの中にミスをして、グリーンの中にミスをして、カップの中にミスをすればバーディになる」

バーディという100点のスコアが出たときでも、1打1打を確認すれば100点をつなげたプレーではないということに気づきます。

となれば、次のようにすることです。ティショットはフェアウェイの中でミスできる技術を目指す。たとえラフでも60点以上になる場合が多々あることも伝えます。基本的にティショットは一番広いエリアに打てることができます。現実には飛距離が出る分、曲がり幅も一番大きくなりますが、ピンポイントに打つ必要性は低いことを理解してください。

ティから打たれたボールはストロークを重ねるごとにカップに近づいていきます。ティショットよりもグリーンを狙うショットのほうがボールを止めたい60点エリアは狭くなります。そして最終的にカップインするパットではカップの中の狭いエリアしかミスは許されなくなります。この特徴がゴルフを楽しく複雑にしています。

カップに近い1打と1球

25年以上、生徒たちにアドバイスしてきた考え方に、「カップに近い1打は価値が高い」という内容につながります。プロのトーナメントを見てもわかるように、毎日変動するのがパット数になります。今日はよく入ったパットが明日は入らないかもしれません。逆の意味ではスコアを単純によくしやすいのがパットであり、ショートゲームになるわけですが、「停滞ゴルファー」の練習量はドライバーが多くパットが少ない事実が存在します。

どちらも大切ですが、スコアアップを目指すならパットとショートゲームの練習が絶対条件になることを理解してください。何故ならば、ショートゲームに無駄なストロークを費やすメタボリックスコアが多く存在するからです。

特に土日しか練習やラウンドができない社会人ゴルファーが、スコアアップするにはショートゲームが重要になります。皆さんの経験を思い出してください。ショートゲームは偶然によい結果が出るときがあります。それを実力と勘違いする「停滞ゴルファー」を多く見てきましたが、このことは平均的結果を分析することによって正しい実力を理解できると信じます。

ゴルフは1球しか打てないことも特徴になります。テニスのサーブのように2球打てません。

常に一発勝負になるわけです。その意味ではテニスのセカンドサーブ的だと感じます。

練習場で1球勝負に強くなるためには、クラブを替えた1球目を大切にしてください。クラブを替えた1球のみがコースの状況に近い条件になります。つまりその1球で出たボールがコースで出る可能性が高いということになります。

2球目で打てたとしてもコースでは新鮮な1球をつなぐことになります。2球目以降は完全な練習になることを常に頭に入れておいてください。そして次のことが生徒たちにアドバイスしている練習方法になりますので参考にしてください。

「ナイスショットを3球続けたらクラブを替えてください。替えた1球目がコースで出るボールです」

これが私のアドバイスです。

ロジカルゴルフ 実戦ノート51

練習場でクラブを替えた1球目＝コースで出やすいボール

「攻撃的プレー」の理解

「停滞ゴルファー」にとって「攻撃的プレー」とはどのようなものでしょうか?

「狭いホールでも勇気を持ってドライバーのフルスイング」「短い番手でフルスイング」「ライを判断しないでスーパーロブのアプローチ」など、探せばキリがありません。

すべてに共通することは、リスクをまったく考えない無謀なギャンブルということになります。

一見、攻撃的な印象を持ちますが、中身はまったく違います。右記のようなプレーでよい結果になることは極めて少ない事実を理解してください。

過去の最高の結果をイメージすることも「攻撃的プレー」ではありません。

では、「上級ゴルファー」の攻撃とはどのようなことなのでしょうか?

ロジカルゴルフ 実戦ノート52
攻撃的プレー=リスクとメリットの配分を変える戦略

「上級ゴルファー」の攻撃とは、メリットの配分を通常のプレーより多く取り、同時にリスクが大きくなるプレーのことです。

例えば、ショットではピンに対して「ショートしない戦略」。つまりピンまで打っていく攻め方です。この場合のリスクはグリーンオーバーになります。ピンまで届く距離でプレーすることが「攻撃的プレー」になります。

ピンまで打つことにより、ショットでカップインの可能性が生まれます。実際のプレーではカップインを狙うというよりは、ラインが合ったときにピンそばに止まるショットが増やせることが現実的なメリットになります。

トーナメントで1打差、最終ホールでバーディを取ればプレーオフというときに、「攻撃的ショット」をツアープロは使います。もちろん増幅されたリスク含めての選択になります。

左右の狙い方に関しては、フェードかドローで狙う曲がり幅を少なくします。ピンまで戻るイメージの球筋になります。リスクはフェード狙いのボールがピンの右に飛んだとき、そしてドローがピンの左に飛んだときになります。

アプローチを検証しましょう。ショット以上にチップインの確率が高くなる攻め方になります。ショート防止ですが、ただ強くではなく、通常のプレーよりも少しだけショート防止でプレーすることが「攻撃的プレー」になります。ショットと同じようにオンラインに打てたときに、ピンに当たる確率が高くなり、結果、カップインの確率が増えるのです。

最後にパットですが、パットもショートしない距離感を決めます。1パット狙いの比率が多くなる狙い方になります。カップに対してショートしない距離設定を行い、その分、横の狙いは薄くなります。ストレート系に近づくパットになるわけです。こうして、カップに触るパットを多くすることが攻撃的パットになります。当然、オーバーになり、アマチュアサイドに外れるリスクがあるため、3パットの確率が増えることを覚悟してください。

このような「攻撃的プレー」は毎ホール続きません。1Rで1ホールか2ホールが限界です。18ホールすべてで「攻撃的プレー」をしたのなら、どこかで大叩きのホールが待っています。トータル的によくないスコアになることが確定します。

ミドルホールとロングホールでのティショットに関しての攻撃ですが、基本的には通常のプレーをします。ティショットは攻撃のメリットが少ないからです。

ただし、ロングホールで普段よりプラス10ヤードの距離が出れば2オン可能、またはこれに近い状況のときに最大飛距離を求めることが「攻撃的プレー」になります。現実にはプロは別として通常アマチュアはプラス10ヤードが限界だということを理解してください。

また、ミドルホールでグリーンが小さい場合など、ショートアイアンでセカンドを打ち、ボールを止めたいときなどが、ティショットで飛距離をプラスしたいケースではありません。

この内容を紹介すると、毎ホール、このようなプレーになる可能性がありますので注意してください。基本はあくまで60点をつなげることです。

「攻撃的プレー」とは少しだけメリットを多くしたプレーであって、自分の可能領域であることには変わりありません。

ロジカルゴルフ　実戦ノート53

攻撃的プレーとは＝ピンに対してショートしないプレー。
通常のプレーよりも横幅を狭めてストレート系に狙うプレー。
ティショットに関しては飛距離プラス10ヤード

以上のことを考えて、実行すべき場面を判断してください。繰り返しになりますが、リスク比率を多くしていることにより、18ホールすべてで「攻撃的プレー」をした場合はどこかのホールで大叩きする確率が高まります。

1ラウンドのプレーは平均台を歩くように足元を確認しながら、平均台から落ちないように18ホールのプレーを終了することです。一度でも落ちると大叩きホールができ、18ホールをよいスコアでプレーすることが困難になる事実を理解してください。

競技ゴルファーへのアドバイス

基本的に「攻撃的プレー」を検討するのは17番と18番だけとなります。トップとのストローク差を考えて、16番が2オン可能なロングホールなどの場合は基本を崩しますが、「攻撃的プレー」は最長でも4ホールが限界と考えます。

一流選手ほど勝負の行方を先送りすることを伝えます。つまり18番の最終パットまで優勝の可能性を残します。そのためには平均台から落ちずに18番グリーンを迎える必要があります。

生徒の経験を伝えます。

競技ゴルファーはカットスコアや優勝スコアを予測する傾向があります。16番で1打足りないと勝手に決め、バーディ狙いのプレーをします。結果ボギーでホールアウト、予選通過ラインに1打足りなかったといったことをよく見ます。

結果的にパーで通過の場面を、自ら1打落として予選落ちという結果を数多く見てきました。特にアマチュア競技の場合、思ったよりスコアはよくないことを多々感じます。狙ってバーディが取れるのならば、カットラインぎりぎりの位置にはいないことも忘れてはいけません。

ジャック・ニクラウスの言葉を伝えます。

「真の名手はファインプレーを必要としない」

この言葉からも「攻撃的プレー」を必要としない試合展開にもっていくことが大切です。

「自己評価能力」を高める

4段ピラミッドの3段目、「自己評価能力」に関しての確認方法を紹介します。

それはスコアアップを求める生徒たちにアドバイスしているスコア記録術です。私が考案した「3分割記入法」がベースになりますが、シンプルかつ誰でも可能な方法です。206ページに実際の記入例を掲載していますが、自分自身の重要なデータになり、分析することで練習課題が明確になります。

「3分割記入法」は通常のラウンドで使用するスコアカードを使います。1枚のカードを自分1

人で記入します。
4人分の記入欄に3分割の項目を記入します。
項目1＝ペナルティ数（ペナ）
項目2＝ショートゲーム数（Sゲーム）
項目3＝ショット数（ショット）
項目4＝合計スコア（合計）

「3分割スコアカード」記録術

項目1　ペナルティ数
OBとロストボール打ち直しの場合は1ペナでショット数が増える
前進4打の場合は2ペナでカウントする（ローカルルール）
ウォーターハザード
1ペナ
アンプレアブル

1ペナ
項目2 ショートゲーム数
A フルショットではないウェッジからカウント（ロングアプローチから）
B アプローチショット（グリーン周り）
C ガードバンカー
D パット（グリーン上のパット数）
A〜Dの合計
※ガードバンカーに入ったときはショートゲームスコアに○をつける
※ショートゲームスコア内の右下にパット数を記入する（グリーン上のみ）
項目3 ショット数
通常のショット（ティショットを含む）
トラブルからの脱出（林からなど）
フェアウェイバンカーからのショット
項目4 合計スコア
バーディのときは○、イーグルは◎をつける

項目　1〜3の合計

※パーオンにこだわらずにフルショット（長いクラブのハーフショット含める）でグリーンオンしたときはホールNO.に☆、パーオンしたときは◯、ロングホールの2オンとミドルホールの1オンは花丸をつける

10ラウンドくらいのデータが集まるとプレー傾向が明確になります。

「ロジカルゴルフ」でのラウンドレッスン会ではこの3分割記入法が規則になっています。最初は面倒に感じるかもしれませんが、習慣にして欲しいと思います。理由はこの記入法によって多くの分析が可能になるからです。

3分割データ以外に記入して欲しい内容をお伝えします。

①日時
②コース
③ティ
　レディース（1）、

シニア（2）、
レギュラー（3）、
バック（4）、
チャンピオン（5）、
チャンピオンティの条件は、6800ヤード以上のフルバックになります。

④風ランク

風速は感覚で構いませんので、意識してください。風に対する状況判断レベルも高まります。
前半は強く、後半は弱かった場合は、平均的なレベルを記入します。

風速レベル1　0〜2m/s、
風速レベル2　2〜4m/s、
風速レベル3　4〜6m/s、
風速レベル4　6m/s以上

PLAYER　　　　　　　　　　　　DATE　　・　・

HOLE	HDCP	GREEN	YARDAGE バック	YARDAGE フロント	YARDAGE レディース	PAR	ペナ	ショートG		ショット	合計
10	10	A	426	390	352	4		2	2	3	5
		B	405	369	330						
11	16	A	370	326	259	4		4	2	2	6
		B	354	310	244						
12	4	A	372	328	292	4		3	1	2	5
		B	359	315	278						
13	14	A	180	144	128	3		4	3	1	5
		B	158	122	106						
14	2	A	641	541	476	5		2	2	4	6
		B	615	515	451						
15	8	A	438	372	361	4	1	4	3	2	7
		B	438	372	358						
16	6	A	510	445	432	5		1	1	3	4
		B	505	440	428						
17	12	A	209	157	137	3	1	3	2	2	6
		B	199	148	128						
18	18	A	370	327	235	4		2	2	3	5
		B	347	304	210						
IN		A	3516	3030	2672	36	2	25	18	22	49
		B	3380	2895	2533						
OUT		A	3387	2994	2390	36	1	24	20	19	44
		B	3265	2870	2259						
TOTAL		A	6903	6024	5062	72	3	49	38	41	93
		B	6645	5765	4792						
HANDICAP											
NET SCORE											

COMPETITION

HOLE	HDCP	GREEN	YARDAGE バック	YARDAGE フロント	YARDAGE レディース	PAR	ペナ	ショートG		ショット	合計
1	9	A	423	364	318	4		2	2	2	4
		B	408	349	301						
2	15	A	168	138	118	3		3	2	1	4
		B	154	126	106						
3	3	A	533	479	317	5		2	2	3	5
		B	526	472	313						
4	7	A	349	301	258	4		4	3	2	6
		B	344	296	250						
5	13	A	188	148	123	3		3	3	1	4
		B	184	142	108						
6	1	A	445	405	252	4	1	3	2	3	7
		B	423	383	232						
7	17	A	365	323	278	4		2	2	2	4
		B	347	304	259						
8	5	A	378	340	290	4		3	3	2	5
		B	357	318	268						
9	11	A	538	496	436	5		2	1	3	5
		B	522	480	422						
OUT		A	3387	2994	2390	36	1	24	20	19	44
		B	3265	2870	2259						

ATTESTED BY（同伴者署名）

PLAYER'S SIGNATURE（本人署名）

BIRTHDAY（ T・S・H ）　　年　　月　　日

データ分析

以上のスコアカード記入法から多くのデータを知ることが可能になります。

ペナルティが多いゴルファーはティショットに課題があることが想像できます。つまりＯＢや池などに入れてしまう。解決するにはティショットで60点をクリアすることが最初のステップになります。その後で少しずつレベルアップする戦略を考えてください。

レッスン経験からドライバー以外のクラブを使ったティショットを練習しないゴルファーが多い事実も伝えます。ラウンドレッスン時に「３Ｗで打ってください」とアドバイスしても、３Ｗでティショットした経験がなく、ミスする場面が多いことも伝えます。

ドライバー以外のクラブをティショットで使えない「停滞ゴルファー」の考え方です。

「同じミスをするならドライバーで打ちたい」「３ＷでＯＢになったらもっとショック！」

どのように感じますか？

「上達ゴルファー」にとっては不思議に思う考え方を「停滞ゴルファー」は持っています。この思考では永遠にドライバーでミスをし続けます。ドライバーで上手く打つ方法に興味を持ちますが、それ以前にドライバーは曲がるクラブであることを理解する必要があります。

風を読み、球筋を予測することも課題になると感じます。

ペナルティスコアはメタボリックスコア（打たなくてもよかった打数のあるスコア）ですから、0を目指してください。0を目指していけば、確実にスコアはよくなります。

ショット数が18Hで40以上（一般男性の場合）のゴルファーはダフリとトップで数ヤードしか飛ばないショットや林に入れるミスがあります。またOBなどの打ち直しが多いことも分析できます。

変動が大きいのがショートゲームスコアになります。この項目をパット数だけでなく、アプローチショットやバンカーショットまで含めたのには理由があります。

小さいグリーンではアプローチが多くなり、パット数は少なくなります。ロングパットが残りにくいためです。大きいグリーンでは逆の現象が起こります。アプローチが減り、パット数が増えるからです。

つまり、パットが上手く、アプローチが苦手なゴルファーは大きいグリーンが得意になり、逆のタイプは小さいグリーンが得意になりやすい傾向が予測できます。その両方を公平に判断するために、パットとアプローチ、ガードバンカーを1つの項目にしたことを付記しておきます。また、それに加え、パット数だけを記入することでそのデータも分析可能です。

プロのビッグスコアラウンドではバーディパットを多く打ち（パーオンが多い）、パット数が少ないラウンドとなります。つまり1ホールでのショートゲーム＝1というホールが多くなります。パーオン＋1パットが基本的バーディの条件であるからです。

逆にスコアがよくないときはグリーンに乗らず、ショートゲームが3打以上のときがボギー以上のスコアになります。逆にショットはグリーンオンしなくてもショートゲームスコアが2ならばパーになります。当たり前のことですが、スコアを記録することではっきりと分析ができます。

社会人ゴルファーの現実的目標である90を切るラウンドをするには、ショートゲームスコアで54を切ることが絶対条件になります。18ホールでペナルティスコア0も目標になります。変動しやすいショートゲームにはスコアを減らす要素と増える要素の両方があります。特に意識して欲しいことはアプローチショットは1打でグリーンにオンする習慣をつけることです。ここが80台のプレーに入る重要なポイントになりますので、意識してください。

ショートゲーム領域からは常に3打以内でホールアウトする習慣を作ることがポイントです。つまり、1オン2パット以内のプレーです。

パソコンなどに自分が知りたいデータの項目を作り、練習やラウンドの課題を明確にすることでさらに楽しみが増えることも伝えます。

パソコンの入力例

「日時」「ティ」「コース」「風ランク」「スコア」「ペナルティ数」「ショット数」「ショートゲーム数」「ガードバンカー数」「パット数」「ショットオン数」「パーオン数」「バーディ以上」などです。

最初は面倒に感じますが、カードに手書きの簡単な記入法でかなりのデータが集まることを理解してください。計算ソフトなどを使い、自動計算式を組んでしまえば、ラウンド後の入力は数分で済みます。

記入例

改めて206ページの「3分割スコアカード」を見てください。このデータのゴルファーは平均的なボギープレーヤーになります。このスコアだとHCは13、14、15くらいではないかと感じます。

スイングに関して

スイング関しても「自己評価能力」が非常に重要になります。

ロジカルゴルフ　実戦ノート54

体＝スイング＝クラブの動き＝インパクト＝打たれるボール

この方程式をしっかりと理解することからがスタートになります。

打たれるボールはインパクトの物理的現象で決定します。その条件に風などの状況が加わり、現実的に飛んでいくボールが決まります。

インパクトを決定するのはクラブの動きになります。クラブの動きを作り出すのがスイング、そのスイングを可能にする体を作るということになります。

最近よく耳にするトレーニングですが、30年前から実践してきた私の意見を伝えます。スイングの設計図を可能にする体を作るのが、トレーニングとストレッチだと感じます。この逆が、持っている体でスイングを作ることになります。

体が成長過程にあるジュニアゴルファーなどは成長速度を考えながらスイングを変化させる必要があります。ジュニア時代にスイングが完成することはありません。ジュニアから大人のスイングになるためにトレーニングとストレッチが必要だと考えます。（プロ志望の）男子は20歳が目安、女子は16歳を私は基準に考えます。柔らか過ぎる筋肉もいつの日か必ず硬化します。

ジュニアゴルファーは柔らか過ぎる筋肉を理解したうえで、どのような練習をすべきかを考えなくてはいけません。ゴルフは強い筋肉と柔らかい筋肉の両方が必要になりますから、プロ志望のジュニア指導は慎重に行います。逆に社会人ゴルファーは基本的には体が硬化していくので、鍛えるよりもストレッチが重要と考えます。トレーニングとストレッチはケガ防止にもつながりますから重要です。

スイングとクラブの動きです。スイングの目的とはクラブの動きをコントロールすることに尽きます。素晴らしいスイングとは見た目に綺麗なスイングではなく、クラブの動きを管理できるスイングだと確信します。

体の動きとクラブの動きを感じ取ることが、スイング練習での重要な目的になります。「停滞ゴルファー」はスイングとボールのみを関連づけ、クラブの動きを感じ取ろうとしない傾向を感じますが、「上級ゴルファー」はクラブの動きを感じながらインパクトを感じ取り、そして打たれたボールをつなげます。

では、スイングの中で、「上級ゴルファー」はどの時間帯で打たれるボールを感じ取るのでしょうか？「停滞ゴルファー」は打たれた後のボールで確認しますが、「上級ゴルファー」はダウンスイングの1コマで感じ取ります。スイング練習するときに、ダウンスイングの1コマを意識することが、クラブの動きを感じ取る能力アップにつながることを伝えておきます。

スイング部品の調合

ロジカルゴルフ　実戦ノート55

スイング技術の使い方＝スイング部品の調合

スイング練習の重要なテーマになります。ナイスショットを作り出すための練習方法を伝えます。

最初は自分のニュートラルスイングでボールを打ちます。そのとき、連続的に出るボールを確認します。生徒に多いボールはトップとスライスになります。

「停滞ゴルファー」はナイスショット以外のボールのすべてを「当たらない」とコメントします。

大切なことは、どのような状態で当たっていないのかを感じ取ることです。

ここからが練習技術になります。

トップのミスショットが多かった場合、自分の理解しているスイング部品からトップ防止の部品を強調してスイングに取り入れます（前作『ロジカルゴルフ　スコアアップの方程式』で詳しく説明）。ここでトップが修正できればその調合を「スイングマネジメント」に取り込んでください。

1ポイントの調合で目的であるトップ防止にならなかった場合は、別のトップ防止部品を追加するか、現在のトップ防止部品をさらに強調します。逆にトップ防止部品を取り入れてダフリになった場合は、トップ防止の目的は達成しているので、ダフリ防止部品を調合させます。

私の行うスイングレッスンは、世界を目指すジュニアゴルファーには最高の設計図でコーチしながら、トレーニングとストレッチを組み合わせます。対して社会人ゴルファーには、現在持っている体を使い、スイング部品の調合でスイングのレベルアップを目指します。練習量が少ないゴルファーはケガが怖いので、無理は禁物です。

スイングの調合に戻ります。スライスとフックにしても、同じようにスイング部品を強調、または追加してナイスショットを目指します。このように調合しながら自分の調合を確立することがコースで使える技術につながり、重要になります。

設計図的に目指すスイング像を明確にして、各スイング部品をチェックします。そのスイング像が例えば、現在、私の好きなロリー・マキロイだとします。しかし、現実はマキロイにはなれません。体格&練習量&筋力も違います。そこで、マキロイを理想像としながら自分のスタイルを作る必要があります。マキロイよりバックスイングが入らないなど、多くの違いがあります。この違いを別のスイング部品で補うことが重要です。

ストレッチやトレーニングをしながらスイング可能な体を作ることは大切ですが、社会人ゴルファーにとって無理は禁物です。とはいえ、このことは楽に振ることとは違います。自分が可能なスイング部品の中で組み立てることが技術になります。

スイング練習とは自分の調合を探す旅のようなものだと思ってください。生徒たちには頑張らなくてはいけないところと、工夫で修正可能な部分がありますが、体が壊れてしまったら何もならないとアドバイスしています。競技ゴルファーは別ですが、無理なくスイング部品調合を意識した練習で、レベルアップして欲しいと思います。

ゴルフの到達点

2010年の中日クラウンズで石川遼プロが競技での最小スコア「58」を記録しました。パー

72ではUSツアーで「59の男」であるアル・ガイバーガーが13アンダーで59を記録しています。

ゴルフが科学的にも解明されてきている現在でも、最高スコアは「58」か「59」くらいです。300ヤードのドライバーと1㎝のパットが同じ価値を持つゴルフの限界スコアはどのくらいなのでしょうか？

スポーツの記録とは「破られるためにある」と言った人がいます。誰が語ったかは知りませんが、人間は常に限界を追い求めます。

100mの記録も10秒は絶対に切れないといわれた時代がありました。2013年の現在は9秒台が世界チャンピオンの最低条件です。ハンマー投げの日本チャンピオンは70m台ですが、世界は80m以上です。男子マラソンは2時間5分が世界のトップレベルです。

ゴルフの限界はどのくらいなのでしょうか？　夢物語の限界スコアを検証します。

パットを必要としないプレーであれば、18ホールを36アンダーの36であがれます。すべてのホールをカップイン（イーグル）するのであれば、ロングホールを2オンする前提で、18ホールは40アンダーの32のスコアになります。

このことは狙った地点に打てるのならば可能性はありますが、現実にはさすがの人類でも不可能な領域だと感じます。この結果を不可能と考えるなら、ロングホールをすべて2オン、ミドルとショートホールはパーオンとして18ホールすべて1パットで22アンダーのスコア50が現実的限界スコアではないかと思います。

このスコアには誰も到達できなのか？　現在のコースで４００ヤードの飛距離を持った選手が現れれば可能かもしれません。ミドルホールを1オンできるということです。

私が感じるゴルフ最大の魅力は、自分の限界にチャレンジできることだと感じます。年齢と共に体力が落ち、飛距離が落ちますが、思考レベルはエンドレスにレベルアップします。30歳の自分と40歳の自分を比べて、40歳の自分が思考レベルが上がっていると感じる方も多いでしょう。

私の場合16歳でゴルフを始め、素晴らしい人と出会い、28歳でプレーヤー引退。43歳のときに右肩を故障し、そこから再スタートして限界を追及しています。そして、私のゴルフは今日も進化していると感じ、心底、楽しい日々を過ごしています。

進化している項目はこの著書の中の第2章から第5章までの15項目がすべてです。永遠に１０0点には到達しない現実を知りながら追及することが最高の喜びです。この楽しさを多くのゴルファーに伝えることが私のミッション（使命）だと感じます。

プロ、アマを問わず、ゴルフの到達点は自分のスタイルを確立することだと感じます。このことは練習の最終目的にもつながります。

すべてのゴルファーが体型も筋力も違います。ゴルフは学校の勉強とはまったく違います。正解が1つではないことを理解してください。私はこれまで欠点と思うことが実は武器になることを経験してきました。自分自身の限界に向かい、自分のスタイルの完成形に向かって練習して欲しいと思います。そのために、この著書がヒントになるのであれば、とても嬉しく思います。

自分の現実を受け入れ、限界にチャレンジする喜びを経験して欲しいと思います。皆さんの素晴らしいゴルフライフの未来のために、もう一度ベン・ホーガンに受け継がれた次の言葉を贈ります。

「Play each stroke as a thing to itself」

「1打1打をその1打としてプレーする」

最後に

1978年のマスターズを見なければ、私はゴルフの道に進まなかったかもしれません。人生とはまさに奇跡の連続です。たくさんの素晴らしい生徒たちと出会えたことも奇跡です。これからも多くの生徒たちと奇跡の出会いが待っていると確信しています。

『ロジカルゴルフ　実戦ノート』を購読いただき、心から感謝いたします。前作の『ロジカルゴルフ　スコアアップの方程式』では上達へのスタートである思考技術（考え方）を短編集にまとめた内容でしたが、今回は主に1ストロークをプレーするための流れを中心にまとめました。

どちらも私が延べ2万人以上の生徒たちにレッスンを行ってきて、これだけは間違いがないと思う、「停滞ゴルファー」から「上達ゴルファー」になるための重要な事柄を書いています。

上達するには「上級ゴルファー」の思考を持つこと。それが「上達ゴルファー」になる道です。そうすれば誰でも必ず確実に上達できます。前作とともに読んでいただき、目的を明確にした練習をすることで、ゴルフの楽しみと深さを経験していただけると信じています。コースプレーの前日に、またプレー後に、必要な項目を読み直して欲しいと思います。

今回の内容が難しいと感じたときは、自分にとって可能だと思う項目から意識してください。

すでに「上級ゴルファー」（プロ含めて）の方にとっては確認的内容だったかもしれません。しかし、さらにこの内容の精度を高めることで素晴らしいプレーが可能になることを信じています。

これからも素晴らしい読者の方々とレッスン会などでお会いできる日を楽しみにしています。

そして、もしよければ、私のホームページ（「尾林弘太郎のロジカルゴルフ」http://www.logical-golf.com/）をご覧いただき、長く深いゴルフとのおつきあいができることを願います。

最後に今回の出版にあたり、日本経済新聞出版社白石賢さん、編集いただいた『書斎のゴルフ』編集長でもある本條強さんには前作同様、大変お世話になりました。この場を借りてお礼申し上げます。

２０１３年６月

ゴルフを心から愛するすべてのゴルファーへ

尾林弘太郎

本書は日経プレミアシリーズのために書き下ろされたものです。

尾林弘太郎 おばやし・こうたろう

レッスンプロ。1962年東京都生まれ。16歳からゴルフを始め、22歳でレッスン活動をスタート。ジャンボ尾崎や中島常幸を育てた後藤修氏に師事し、延べ2万人を超えるゴルファーにレッスンを行ってきた。トップアマの和田貴之氏の指導をする他、これまでに多くのアマチュアをシングル入りさせている。著書に『ロジカルゴルフ』がある。

http://www.logical-golf.com/

日経プレミアシリーズ 207

ロジカルゴルフ　実《じつ》戦《せん》ノート

二〇一三年六月一七日　一刷

著者　尾林弘太郎

発行者　斎田久夫

発行所　日本経済新聞出版社

http://www.nikkeibook.com/

東京都千代田区大手町一―三―七　〒一〇〇―八〇六六

電話　(〇三)三二七〇―〇二五一（代）

装幀　ベターデイズ

印刷・製本　凸版印刷株式会社

ISBN 978-4-532-26207-5　Printed in Japan

日経プレミアシリーズ156

ロジカルゴルフ　スコアアップの方程式

尾林弘太郎

なかなか90を切れない停滞ゴルファーと、安定して80台〜70台で回る上級ゴルファーの違いとは何か？　それはいつも最高の結果をイメージしてゴルフをするのか、最悪の結果を考えて危機回避に徹するのか、といった「考え方」の違いによるもの。「書斎のゴルフ」で好評連載中、尾林弘太郎レッスンプロの「考えるゴルフ」を初公開。

日経プレミアシリーズ168

トップアマだけが知っているゴルフ上達の本当のところ

本條強

「最初に考えるのは9番で転がすこと」「スピンをかけない打ち方こそ確実」「〝基本〟はアマチュアのためにある最大の上達法だ」──。アベレージゴルファーが90切り、シングル入りを目指すなら、プロよりもトップアマから学ぶのがベスト。日本ミッドアマ、シニア、女子アマなどアマチュアゴルファーの頂点に立った9人が、そのゴルフ人生で培った熟練の技、独自の練習法を公開する。

日経プレミアシリーズ165

ゴルフは寄せとパットから考える

今田竜二

170㎝、66㎏の今田プロが世界のトップが集まるUSツアーで活躍できるのは、その卓越したショットコントロールとマネジメント術があるから。どんな状況からも寄せてワンパットで入れるパーセーブ術、パットからティショットへ遡ってプレーを組み立てるコースマネジメント、打ち急がずに大きく飛ばす飛距離アップ術──など、アマチュアゴルファーのスコアアップにすぐに役立つ話が満載。